動物權利

Animal Rights: A Very Short Introduction

U0134664

Animal Rights: A Very Short Introduction

動物權利

德格拉齊亞（David DeGrazia）著

楊通進 譯

OXFORD
UNIVERSITY PRESS

Oxford University Press is a department of the University of Oxford.
It furthers the University's objective of excellence in research, scholarship,
and education by publishing worldwide. Oxford is a registered trade mark of
Oxford University Press in the UK and in certain other countries

Published in Hong Kong by
Oxford University Press (China) Limited
39th Floor One Kowloon, 1 Wang Yuen Street, Kowloon Bay,
Hong Kong

動物權利

德格拉齊亞 (David DeGrazia) 著

楊通進 譯

ISBN: 978-0-19-083209-4

1 3 5 7 9 10 8 6 4 2

English text originally published as *Animal Rights: A Very Short Introduction*
by Oxford University Press © David DeGrazia 2002

目　錄

圖片鳴謝

For Kathleen, my soulmate and partner-in-life,
and for our precious little Zoë

前言與致謝

在撰寫這本關於動物權利的小書時，我很自然地在其中融入了自己對相關問題的理解。基於這一理由，我不能聲稱自己將以完全中立的態度來討論這些問題。我不僅主張有感知能力的動物擁有道德地位，而且認為它們應獲得同等的考慮(第二章將闡述這一術語的特定意義)。同時，由於我認為另一種觀點——「差別對待模式」——也幾乎是同樣令人信服的，因此，我在本書中將同時考察關於動物道德地位的這兩種觀點的意涵。然而，由於我發現，那種認為有感知能力的動物完全沒有道德地位的觀點是站不住腳的，因此，在嘗試駁斥這種觀點以後，我基本上就不再討論它了。

在撰寫本書的幾年以前，我寫過一本篇幅更長、學術性更強的書，即《認真對待動物：精神生活與道德地位》(*Taking Animals Seriously: Mental Life and Moral Status*，劍橋大學出版社，1996)。如果說那本書所面對的讀者群主要是學者的話，那麼，本書則是為那些想瞭解與動物權利有關的倫理和哲學問題的、勤於思考的人所寫的。因此，在避免過於簡單化的前提下，我盡力把《動物權利》寫得通俗易懂；我還在每一章

加入了一幅或多幅插圖，給每一章都開列了關於參考文獻、資料和(在某些情況下)推薦讀物的清單，而不是添加正式的腳註。對於那些已經閱讀過《認真對待動物》的讀者來說，本書所包含的下述內容或許是有趣的：對人們對待動物的態度的簡要歷史回顧、關於「動物權利」一詞的不同含義的討論，以及對動物實驗問題的詳細考察——本書對這些問題的討論都超越了前一本書的論閾。

在本書殺青之際，我想對幾位一直給我幫助的人士表達感激之情。牛津大學出版社普及書編輯部主任George Miller邀請我提交了本書的寫作提案，並協助了最初的討論使提案得以完善；後來，Rebecca O'Connor和Catherine Humphries在文字編輯方面又給了我諸多幫助。作為本書的外請審閱者，Robert Garner給了我諸多鼓勵，並提出了許多建設性的批評和建議。與Bernard Rollin就動物的精神生活、與Paul Shapiro就動物保護行動主義，以及與Peter Singer就與動物有關的一系列倫理問題所進行的討論都使我獲益良多。最後，我要感謝我所有的家人，特別是Kathleen和Zoë的愛和幫助。

戴維·德格拉齊亞

華盛頓，2001年7月

第一章
緒論

　　2001年4月，根據一條匿名消息提供的線索，總部設在華盛頓的一個動物權利組織——「愛心戰勝殺戮」(Compassion Over Killing，略作COK)開始着手調查一個大型養雞場，該養雞場屬美國馬里蘭州塞西爾頓的ISE-America農業公司。在ISE的管理者拒絕了他們的探訪請求後，COK的積極分子於夜晚攜帶攝像機秘密潛入了這個養雞場。COK的代表隨後在一個記者招待會上披露的錄像使許多觀看者大為震驚。現場的觀眾看到，數千隻母雞擁擠在由鐵絲製成的層架式小籠子裏，其中許多已經羽毛脫落並奄奄一息。有些雞被糞便所覆蓋，一些被卡在鐵網間動彈不得。還有少數雞已經死亡並開始腐爛。這些積極分子解救了八隻被當地獸醫診斷為健康狀況很差的小雞；在我撰寫本書時，他們正開始發動一場全國性的禁止層架式鐵籠養雞的運動。因此，他們的目標不只是專門針對ISE公司(儘管該公司的鐵籠設備很有代表性)，而是針對整個蛋類生產行業。

　　由動物保護積極分子所發動的這類運動有時是很

圖1　一名正在拍攝養雞場內部的動物權利積極分子

成功的。面對來自積極分子的壓力，歐盟決定在2012年前逐步淘汰層架式鐵籠養雞法。並且，在2000年夏天，麥當勞宣佈，它的餐館只從那些給母雞提供了72平方英寸鐵籠空間的產蛋廠家購買雞蛋——這比美國的行業標準幾乎高了50%。

這類事件反映了一個重要的文化現象，即當代動物權利運動的興起；該運動對關於非人類動物的道德地位的根深蒂固的傳統觀念提出了挑戰。大多數人都反對虐待動物，並認為動物是有道德意義的。但同時，允許人們幾乎不受限制地利用動物的傳統觀念又深深地影響着我們的信念和日常行為。面對這類相互衝突的信念，我們能夠體驗到道德和理智的張力；而這種張力則會促使我們努力去解決此類問題。我們應當如何理解動物與人相比所具有的道德地位呢？傳統主義者和動物權利的擁護者都認為，這個問題的答案與我們如何理解動物本身密切相關：動物是甚麼樣的生物？特別是，它們的精神生活如何？

在討論這些以及相關的問題時，從歷史的角度勾勒關於動物的傳統看法和新近興起的動物權利運動將對我們有所幫助。下面的概述得益於貝考夫(Bekoff)、埃根森(Egonsson)、雷根(Regan)和辛格(Singer)，特別是泰勒(Taylor)(參見推薦閱讀書目)；這個概述非常簡潔，因此在關於傳統和當前對待動物的態度的主要資料上必然是有所選擇的。

歷史概述

縱覽整個世界，關於動物道德地位的傳統思想主要來自於宗教和哲學，它們與科學相互影響，共同構造了關於動物究竟是何種生物的概念。然而，值得注意的是，把哲學和宗教區分開來的趨向主要存在於西方思想中，而把哲學與科學區分開來也只是相對現代的事情。在西方，亞里士多德（Aristotle）的下述觀點影響頗深：動物有感覺但缺乏理性；它們在自然等級體系中低人一等，因而是實現人類目的之恰當資源。他認為，由於動物缺乏理性靈魂，我們對待動物的方式就不存在公正與否的問題。亞里士多德還認為，由於依其所述男人的推理能力比女人強，因而男人天生就比女人優越；而且，有些人——他們在體格（而非心智）方面更強——天生就適合做奴隸。在古希臘時期，持有不同觀點的人包括畢達哥拉斯（Pythagoras）和泰奧弗拉斯托斯（Theophrastus），前者認為動物可能是由人類轉世而成，後者則認為動物具有一定的推理能力。但是絕大多數隨後的西方哲學家和神學家的觀點都與亞里士多德的理論一致：動物是為人類的使用而存在的，只有人類具有理性。

《聖經》聲稱，上帝按照他自己的形象創造了人類，而我們人類可以為了滿足自己的目的隨意使用自然資源——包括動物；這一觀點極大地強化了亞里士

多德式的關於動物的觀點。另一方面，通過宣稱所有的人類都是按照上帝的形象創造的，《聖經》為人人平等的觀念提供了合法證明，而這與希臘思想(包括亞里士多德的思想)贊成貴族統治的傾向是背道而馳的。在中世紀，基督教哲學家如奧古斯丁(Augustine)和托馬斯‧阿奎那(Thomas Aquinas)等都強化了這一主張，即動物之缺乏理性證明了它們被人統治的合理性——自那時以來，大多數基督徒都接受這種理論。更古老的猶太教傳統雖然贊成動物從屬人類的觀念，但它比基督教更強調盡可能減少給動物帶來痛苦的重要性。基於所有的上帝創造物都值得同情這一信念，猶太教的這種關懷既體現在猶太教關於屠宰和食用動物的教義中，也體現在對那些為娛樂而追獵、鬥牛和鬥狗的譴責中。伊斯蘭教——第三個亞伯拉罕宗教傳統——雖然贊成人類是最為重要的，且動物是為人類的便利而存在的，但是，《古蘭經》仍禁止虐待動物，而且它或許也認為(取決於讀者的理解)動物具有一定程度的理性；更重要的是，據說先知穆罕默德說過：「誰善待真主的造物，誰就是善待自己。」

　　雖然現代西方哲學之代表人物的觀點顯示出有趣的差異，但現代西方哲學(這個時期開始於17世紀的笛卡兒[Descartes]，延續到19世紀後期)基本上堅持人類至上的觀點，這反映了這段時期佔統治地位的基督教的影響。現代科學完全用機械論術語來描述自然，取

代了長期佔統治地位的亞里士多德式的這一自然觀：自然是有目的的，而且有點類似於一個生命體。在這種背景下，勒內·笛卡兒認為，把動物(自然界的一部分)看作有機的機器是很自然的，它們不僅完全缺乏理性並且完全缺乏情感。他認為，人的身體是自然界的一部分，而人的本質 —— 以獨一無二的語言能力和創造性的行為為代表 —— 只存在於人的心靈、精神或靈魂(只有這些部分才擁有意識)中。但是，笛卡兒認為動物甚至感覺不到痛苦的觀點使大多數哲學家感到震驚，因為這有悖於常識。所以托馬斯·霍布斯(Thomas Hobbes)、約翰·洛克(John Locke)、伊曼努爾·康德(Immanuel Kant)和其他人都認為動物具有感覺和情感，但他們都否定動物擁有某些要獲得重要的道德地位所必需的特性，例如理性或理解一般概念的能力。在康德的有巨大影響的道德哲學中，自主性，或從自然的因果決定論中解放出來的自由，是證明人類使用動物的正當性的決定性因素。

　　儘管關於人類優越性的斷言明顯地支配着現代哲學，但其他不同的觀點也同樣存在。大衛·休謨(David Hume)就是這種觀點的一個代表。休謨把同情看作道德的基礎，而且同情可以延伸至人以外的有感知能力的動物。不過，在休謨看來，公平概念關涉的是那些力量大致相等的人之間的契約，因而與我們對待動物的行為無關。更激進的是功利主義的先驅傑裏

米・邊沁(Jeremy Bentham)的觀點。邊沁認為,正確的行為給受該行為影響者帶來的快樂應該最大限度地超過給其帶來的痛苦。邊沁在一個腳註中對這個標準的意涵作了說明,他宣稱,功利原則必須把有感知能力的動物考慮進去,因為它們能夠感受到的快樂和痛苦並不比人類少。因此,邊沁把人類給動物施加痛苦的司空見慣的行為批評為「暴君行為」。後繼的功利主義者約翰・斯圖亞特・密爾(John Stuart Mill)提出了一個更複雜的功利概念,其中,人類的典型快樂——例如智力、美學和道德方面的快樂——在計算功利量時比通常的感性快樂更具份量。然而,這種向人類優越論的理論倒退卻使密爾認識到了日常的動物使用行為與考慮動物權益的無偏私的道德立場這兩者之間的張力。與此同時,相對異端的阿瑟・叔本華(Arthur Schopenhauer)反對把理性、自主性、自我意識和權力看作道德地位的首要決定因素。受印度教和佛教的影響,叔本華認為,道德生活要求對所有能夠感受到痛苦的生物表示同情。不過,在他看來,人類更發達的智力增加了他們感受痛苦的能力,因而給人類遭受的痛苦以更多的道德關懷是合理的。

在現代科學的舞臺上,對我們理解動物作出最大貢獻的是查爾斯・達爾文(Charles Darwin)在19世紀所做的工作,他證明了人類是從其他動物物種進化而來的。他還有力地指出,動物與人類的能力差異主要是

程度上的而非性質上的，儘管這一觀點的影響要小得多。基於仔細的觀察，達爾文堅信，許多動物也有一般的概念、某些推理能力、初級的道德情感和複雜的情緒。一直以來，科學家們基本上都忽視了達爾文的這些觀點，直到最近才有所改觀，但是，進化論——特別是與遺傳學相結合時——還是證明了，那種認為人與動物之間在認知方面存在着無法逾越的鴻溝的觀點是站不住腳的。

我們的歷史概述到目前為止只限於西方傳統。在轉到19、20世紀的動物權利運動之前，讓我們來考察一下非西方傳統的主要觀點；在某些方面，這些非西方傳統與西方思想形成了有趣的對比。

雖然一個西方人和一個東方人可能都會說生命是神聖的，但只有東方人在心裏想到的是所有的生命。印度的耆那教、印度教和佛教傳統，都以某種方式接納不殺生(ahimsa)的信條，即提倡不傷害所有有生命的事物，並且對所有的生命都保持敬畏。這些傳統都有着轉世再生的信仰。耆那教徒和佛教徒都強調有生命之物的互通性，提倡素食，並反對傳統的用動物獻祭的行為。印度教實際上是由一些不同的宗教組成的，它在近幾個世紀發生了相當大的變化，這種變化部分地是源於佛教徒和耆那教徒的影響。不殺生已成為印度教的核心信條，同時動物獻祭也變得越來越少見。今天，許多印度教徒都認為，殘害生命將會使行

為者在今後遭受痛苦，這種觀點從自利的角度為動物保護倫理提供了一個堅實的基礎。同時，在遠東，古老但仍生生不息的儒學傳統強調萬物一體，並認為人類與動物的能力僅僅在程度上有所不同。相應地，孔子的追隨者們儘管承認人類具有明顯的優越性，但卻努力培育萬物一體的情感，並同情所有遭受痛苦的生物。

在美洲大陸，當地的土著人(他們可能來自亞洲，橫跨現在的俄羅斯到達阿拉斯加)傾向於認為，精神賦予了自然以生命──這與笛卡兒的機械自然觀形成了鮮明的對比。為了與他們認為動物生命具有某種精神性的看法保持一致，美洲的土著人一般都接受了尊重動物的原則，雖然他們也准許(恭敬地)殺死和食用動物。

總而言之，西方傳統大體上持這樣一種觀點：由於只有人類才是具有自主性的、理性的、有自我意識的、或能夠理解正義的，因而只有人類才擁有、或至少擁有更高的道德地位。動物普遍被看作是為人類所用而存在的。非西方傳統既本身呈現出重大的差異，也與西方傳統迥然有別。從總體上看，我們通常發現兩個朝不同方向發展的觀點：一個慎重地承諾保護動物的利益和尊重動物的生命──不論是認為它們的生命具有內在價值還是僅僅作為人類自我救贖和繁榮的工具，另一個則確信人類比其他動物更重要。

雖然西方傳統比非西方傳統在對待動物上普遍地更缺乏尊重，但當代關於動物權利的思想和政治見解卻興起於西方。第一次重大的動物權利運動開始於19世紀的英格蘭，這場運動的起因是反對把未經麻醉的動物用於科學研究。這場運動引發了保護動物的抗議活動，促進了英國的立法改革，也催生了大量動物保護組織，特別是在講英語的國家。然而，反對用動物做研究的呼聲在20世紀初開始衰落；儘管一些早期的保護動物的仁愛組織依然存在，但這場運動喪失了動力並逐漸從公眾的視線裏消失。

在20世紀60、70年代，英國、美國和西方其他一些國家的政治和學術氛圍對一場新的仁愛運動持接納的態度。反對種族和性別歧視的民權運動為反對其他形式的歧視打開了方便之門。對環境污染和環境破壞的關注為強調對動物個體的關懷創造了邏輯和文化的空間，因為動物明顯受到環境狀況的影響。在科學上，一度佔統治地位的行為主義理論逐漸衰落；行為主義禁止討論動物(或人)的「內心狀態」，這使得很難為同情動物找到科學上的依據。1976年，唐納德·格里芬(Donald Griffin)出版了《動物的意識問題》一書，催生了一場影響日隆的科學運動——認知生態學；認知生態學在進化論的背景下研究動物行為，並把「內心狀態」確定為信念、欲望和情感。1975年，彼得·辛格出版了《動物解放》，這是一個關鍵性的

事件；該書把有說服力的哲學推理用易理解的文字表述出來。這本書促成了大量關於動物道德地位的嚴肅的哲學著作的產生——一個20世紀哲學家普遍忽視的話題，同時，該書還激發了許多人成為動物保護的積極分子。

正是在這種包容性的文化空間裏，近年來的動物權利運動得以興起。這個運動的重要進展包括1963年「英國抵制打獵協會」的成立、1971年「綠色和平組織」的建立以及1980年「善待動物協會」的成立。今天，動物權利運動有數百個組織和數百萬成員，在立法方面也取得了一些突破，這裏僅列舉少數幾個例子，如非常超前的《瑞典動物福利法》（1988）、《英國禁用板條牛圈關押小牛法》（1990）和《國際海豚保護法》（1992）。在科學界，尋找動物研究替代品的做法在一些領域裏被廣泛推崇。個人基於倫理的原因放棄吃葷在20或30年前還顯得反常而古怪，但現在，符合道德的素食主義已進入主流社會並發展迅速。

西方文化已發生了改變，變得越來越接受動物權利的觀念，越來越認真地探究與動物的道德地位和精神生活有關的問題。我們在新聞中看到動物保護積極分子已不再感到詫異。今天，許多人都努力解決善待動物的相關問題，他們都希望進一步理解並弄清與動物權利有關的問題。

本書計劃

本書將探討與動物權利有關的一些關鍵問題。最重要的問題涉及到與人類相對應的動物的道德地位。動物擁有道德地位或道德權利嗎？這些概念的確切含義是甚麼？ 如果動物擁有道德地位或權利，那麼，在某種與道德相關的意義上，我們是否應該把它們看成是和人類一樣平等的？在此有必要把平等對待（equal treatment）與平等考慮（equal consideration）區別開來，並簡述在這些問題上的各種不同觀點。同樣，我們還必須確認討論的範圍。在談論「動物」時我們心中所指的究竟是哪些動物——是字面意義上的包括變形蟲在內的所有動物呢，還是僅指有感知能力的動物（即具有情感的動物），或某些其他範疇的動物？我們將在第二章討論這些問題。

對動物道德地位的探究通常有一個常識性的假設，即許多動物有感知能力。但是，對任何有關動物倫理問題的詳實的、細緻的考察，都要求我們知道更多關於動物（特別是它們的精神）究竟是甚麼的知識。例如，如果有人認為蝦缺乏感知能力，沒有任何（意識）感覺，那麼，這種信念將會減弱人們對此類生物的道德關懷。因此，第三章的基本問題是：基於可獲得的經驗證據，大致上哪類動物有情感——諸如疼痛的感覺和害怕的情緒——以及它們擁有的是何種情感。

在清晰理解動物的精神生活之後，我將在第四章討論動物擁有哪類利益的問題。換句話說，我們將說明動物可能會受到傷害的主要方式。顯然，不愉快的情感，如痛苦和沮喪，就是傷害的一種方式。動物還會因拘禁而受到傷害；拘禁是對動物行為自由的限制，這種限制嚴重損害了動物過好生活的能力。但是，免受拘禁之利益是否僅僅是避免痛苦感覺之利益的一個例證？如果一隻被拘禁的動物已經習慣於被拘禁的狀態，並未感受到痛苦，那麼，我們剝奪它行使其物種特有功能的機會，是否是對該動物的傷害？使動物提前死亡(有別於痛苦的死亡過程)是對動物的傷害嗎？毫無痛苦地殺死一條熟睡中的正常而健康的狗的行為，傷害到了這條狗嗎？一旦我們開始探索動物利益的性質，以及動物可能會受傷害的一般方式，我們就會遇到真正有爭議的問題。第四章將討論關於這些問題的不同觀點，並對某些問題作出回答。

通過提供理解動物的道德地位、精神生活和利益的框架，第二到第四章為後面幾章更具實踐性的探討，提供了一個基礎。第五章分析了吃葷的倫理問題，主要關注的是工廠化農場肉產品的消費問題。第六章，我們考察的是收養寵物和動物園動物的倫理問題。除了考慮人們通常施加於這些動物的傷害之外，該章還將探討是否有合理的理由，基於對動物的尊重，反對在家中或動物園裏限制動物自由的問題。最

後，第七章將探討異常複雜的動物研究問題。該章將直面這樣一個問題：生物醫學的進步能否證明傷害研究對象(它們對該研究既不知情也不同意)的合理性；如果能夠證明，那麼對受試驗動物的傷害是否存在一個限度，超過這個限度繼續研究就是不道德的；擬進行的實驗要取得怎樣的成功才能獲得倫理的辯護；研究團體應如何積極地尋找動物實驗的替代品。

如果本書的探討是成功的，那麼它將可以幫助讀者思考當代動物權利討論中的一些最核心的問題。

第二章
動物的道德地位

　　從1934到1998年每年的勞動節，美國賓夕法尼亞州的小鎮希金斯都會舉行一個射殺活動物的節日，直到後來該活動被禁止。參與者曾經從世界各地蜂擁而至。在一年一度的活動中，有5,000隻鴿子被從籠子中一隻一隻地放出來，僅僅是為了成為活動參與者的靶子。據動物基金會的調查者估計，被射中的大多數鴿子(超過四分之三)都只是受傷而不會立即死亡。當競賽者結束了他或她的一輪射擊之後，一些鴿子掉落在射擊場上，另一些逃至附近森林的則因受傷而慢慢死去。在每一輪射擊完成之後，年幼的孩子們就會收集受傷的鴿子並用各種方式弄死它們：使勁用腳踩、扯下它們的頭、把它們往桶上砸，或者將它們擲入裝有其他奄奄一息或已死的鴿子的桶內，使它們窒息而死。射擊者和孩子們並不是秘密地進行這類活動。數千觀眾購票入場，坐在露天看臺上觀看，一邊吃東西、喝啤酒，一邊對射擊者和孩子們大聲叫好。

　　人們可能偶爾會聽到這樣的觀點：人類使用動物的行為不會產生任何倫理問題。如果這種觀點是對

的，那麼，剛剛描述的那類行為 —— 為娛樂而射擊活鴿子、踩死它們、扯下它們的腦袋，等等 —— 在道德上就是沒有問題的。同樣，鼓勵孩子們參與對動物的虐待，鼓勵成人和孩子通過購票入場加入這種虐待者的行列，也是不存在道德問題的。

很難想像還有比這更荒謬的道德立場。很難想像任何一個在道德上嚴謹的人 —— 即任何一個認為行事應明辨是非的人 —— 不會譴責如剛才所描述的給鴿子造成巨大的、不必要傷害的至少其中一些行為。雖然完全否認動物具有道德上的重要性的態度在過去的世紀中可能很普遍（見第一章），但是這種態度正變得越來越罕見，這是道德進步的一種表現。然而，正如射殺鴿子所表明的那樣，許多人還是樂於對動物施暴。

很明顯，在一年一度的獵殺活動中，人們對待鴿子的至少某些方式是錯誤的。如果有人認為，為娛樂而射擊鴿子的行為並不是明顯錯誤的，因為如果鴿子幸運地被擊中就會立刻死亡（這種觀點無視了這樣一個事實：許多被射中的鴿子並不是那麼幸運），那麼，對於那些希望證明把受傷的鴿子擲入桶內，使它們與其他鴿子一起悶死的做法也是合理的人來說，這種辯護不會有任何幫助。如此對待鴿子和其他有感知能力的動物是錯誤的。但為甚麼這是錯誤的？這個問題的答案對動物是否擁有道德地位和權利的問題有何啟示？本章餘下部分將討論關於這些問題的各種可能的答案。

道德地位

越來越多的人宣稱動物具有道德地位、道德權利，或兼而有之。在判斷他們的這種主張是否正確之前，我們需要知道這些術語的含義。我們先從道德地位開始。

例如，說一條狗有道德地位，就是說這條狗因其自身的緣故、而非與人有關聯的緣故而具有道德上的重要性。更準確地說，這意味着，這條狗的利益或福利很重要，必須給予認真考慮 —— 這種考慮不依賴於狗的福利對人的利益的影響。簡單地說，我們必須因狗自身的利益而對它好。讓我們來看一些事例。

有理性的人知道，為取樂而殘暴地踢狗是錯誤的。為甚麼是錯誤的？假設本和格雷格有不同的理由來認可這種判斷。本認為踢狗是錯誤的，因為這侵害了某個寵物所有者的財產 —— 這即意味着寵物所有者的利益是相關的因素。當然，許多狗不屬任何人的財產。本可能回擊說，踢狗取樂無論如何都是錯誤的，這是殘酷的行為，而殘酷是一種我們不應養成的惡習，因為從長遠來看，這種惡習很容易使人去虐待人類。簡言之，虐待動物的人更容易成為虐待人類的那種人。在這裏，人類的利益是本反對殘酷對待動物的最終依據。依此觀點，動物的利益不具有獨立的道德上的重要性，這意味着動物沒有道德地位。

格雷格則持不同的看法，他判定動物確實擁有道德地位。他認為為取樂而踢狗是錯誤的，因為沒有充分的理由去如此傷害它們。（在另一種情境中，若傷害狗是為了避免一個小孩被狗傷害，這或許就是傷害狗的一個充分理由。）從格雷格的立場看，狗的福利因其自身的緣故而受到重視；它具有道德上的重要性，這種重要性與狗的福利的改善如何有助於人類的利益無關。因此，即使你能使格雷格相信，虐待狗並沒有對人類產生任何消極影響，他還是會認為這種行為是錯誤的。在他看來，狗擁有道德地位。（至於狗擁有的道德地位與包括人在內的其他在道德上重要的生物所擁有的道德地位是否相同，則是另一個問題。）

　　那麼，如何理解道德權利的含義？說動物擁有這類權利意味着甚麼？這一概念的內涵相當複雜，因為「道德權利」一詞有着多種不同的用法。但是，我們可以根據特定的語境來弄清這個術語的含義，這樣，人們在談論動物(或人)是否擁有道德權利時，就不會因這個詞的不同用法而相互誤解。

　　區分三種意義上的「權利」將對我們有所幫助。（在我們的整個討論中，除非另有說明，我們所說的道德權利是與法律權利相對的。）在較寬泛的意義上，說一個存在物擁有權利就是指該存在物擁有道德地位。我們把這稱為道德地位意義上的「權利」。在這種意義上，人們認為狗擁有道德地位 —— 但狗擁有的道德

地位比人的低 —— 然而我們仍然認可狗的權利；任何程度的道德地位均可成為擁有權利的充分理由。例如，人們可能斷言，狗擁有不遭受痛苦和不被殺死的權利；這意味着，狗的這些權利就其本身來說在道德上就是重要的，沒有充分的理由就不能踐踏之 —— 當寬泛地解釋「充分的理由」時，可以把公司為獲得利潤而在動物身上測試新化妝品毒性成分納入「充分的理由」之列。因此，在擁有道德地位的意義上說動物擁有權利一點也不激進。

第二種更嚴格意義上的「權利」可稱為平等考慮意義上的權利：說某人擁有權利就是說她應獲得同等考慮。這意味着她的利益與任何其他人的類似利益具有同等的份量。因此，說狗應當獲得與人同等的考慮，就是宣稱，狗避免遭受痛苦的利益和人避免遭受痛苦的利益在道德上是同等重要的；動物的痛苦與人的痛苦具有同等的份量。如果格雷格認為狗有道德地位但不應獲得平等考慮，那麼他所相信的就是，狗擁有道德地位意義上的權利，但不擁有更為激進的平等考慮意義上的權利。（本章後面將進一步對平等考慮加以說明。）

第三種同樣嚴格意義上的「權利」可稱為超越功利意義上的權利：說某人有權利去做某事意味着，至少一般來說，其根本利益必須受到保護，即使保護它可能會對社會總體不利。（湯姆·雷根和伊夫琳·普

盧哈爾[Evelyn Pluhar]就是在這種意義上捍衛動物權利的；我們可把類似的觀點稱為強式動物權利論。）例如，人們在道德和法律上擁有得到公平審判的權利，這樣一個理念意味着，陷害一個無辜的人是不對的，即使當局沒有抓住確定的嫌疑犯，即使滿足社區成員願望的判決能夠帶來巨大的社會功利。雖然這種強式意義上的權利的擁護者可能會承認，在某些案例中，人們可能為了共同利益而無視某些人的個人利益，但是，她會堅持認為此類案例是例外，而且，對公共利益的訴求不足以成為踐踏個人權利的理由。

與之相比，我們來考慮一個功利主義者蘇的立場；她認為正確的行動是那些能夠產生最大功利——即利益減去傷害後的餘額最大——的行為，同時要把受影響的所有個體（包括動物）的利益都考慮進來。蘇相信，動物和人應獲得同等考慮，不同個體的類似利益具有同等的份量，但是，如果犧牲某些個體的利益能夠使功利最大化，那麼我們就可以這樣做。所以，她認為，動物和人是在平等考慮的意義上而不是在超越功利的意義上享有權利。超越功利意義上的權利將為個體的根本利益提供絕對或接近絕對的保護。然而，甚至人類是否擁有這種意義上的權利都還是一個有爭議的問題；彼得‧辛格和雷‧弗雷（Ray Frey）這樣的功利主義者就否認人類擁有這樣的權利。

我們已經理清了三種意義上的「權利」。那麼實

際上動物是否擁有其中任何一種意義上的權利呢？先看看第一種寬泛的道德地位意義上的權利。很明顯，在每年一度射殺鴿子的活動中，我們對待鴿子的至少某些方式是錯誤的，踢狗取樂也是錯誤的。然而，這些判斷以及那些更為一般的判斷（即無端傷害動物是錯誤的）都不包含這樣的意涵：動物具有道德地位。為甚麼不包含呢？

根據間接義務論，我們的道德責任或義務僅僅直接指向人類其他成員；與動物有關的義務（如不要給它們造成不必要的傷害）完全是基於人類的利益，例如，不養成殘暴品格對人類是有益的。照此看法，如果沒有充分理由來說明對動物施暴是對人類不利的，那麼，就沒有道德理由來譴責對動物的暴行。這就是本和哲學家伊曼努爾·康德的立場（見第一章）。

我認為間接義務論是錯誤的，因為它無法解釋我們對動物負有的義務。第一，我認為，譴責虐待動物的關鍵在於，施虐者毫無必要地傷害了動物；僅此一點就足以說明此類行動是錯誤的。第二，雖然我們確信，虐待動物是錯誤的——甚至本和康德對此也深信不疑——但我們不能十分地確信，虐待動物會給人類帶來惡果。認為虐待動物會給人類帶來惡果的假設依賴於經驗的證明，但這並不意味着，那些認為虐待動物是錯誤的人能夠列舉出像這一道德判斷本身那樣令人信服和確定的證據。而且，現實中可能存在着相反

圖2　正用嘴接住一條魚的北極熊

　動物權利

的證據。例如，允許牧羊人踢他身邊的羊或許能使他發洩出一些怒氣，從而使他毆打老婆孩子的可能性更小。更重要的是，即使是在假定的情形中（比如，地球上只剩最後一個人），當虐待動物的行為不可能給人類帶來有害的後果時，虐待動物應該也是錯誤的。

這些思考表明，與間接義務論相反，動物擁有道德地位，因而至少擁有一種意義上的權利。但是，這一結論並未解決這一問題：與人類相比，動物應該獲得多少道德關懷，以及它們是否擁有更嚴格意義上的權利。

動物享有的一種平等？

動物的某些保護者宣稱「所有的動物都是平等的」。他們的反對者通常反擊說，這明顯是荒謬的。但是，這一觀點是否荒謬，部分地取決於個人所理解的平等是哪種道德上的平等以及哪些動物的平等。

如果一個人所指的確實是所有的動物，包括蜈蚣、蛞蝓和變形蟲，那麼，關於動物在道德上是平等的觀點肯定是不可信的。因為，說此類動物有感知能力是極其可疑的。感知能力不僅僅是對刺激的反應能力；它至少應包括某些情感。情感包括痛苦——這裏的「痛苦」是指一些知覺而不僅僅是神經系統對有害刺激的察覺——之類（有意識）的感覺和害怕之類的情緒。我們不知道在種系發生階梯或進化樹的哪一確切

的點上感知能力消失了，被更原始的、無意識的神經中樞系統取而代之。但是，我們將在第三章看到，有確切證據表明，至少脊椎動物有感知能力；而幾乎沒有證據證明最原始的無脊椎動物有感知能力。強調感知能力的原因是：無感知能力的動物——由於缺乏任何感覺、思考或具有其他任何精神狀態的能力——甚至無法在意它們被如何對待。因此，它們能否在任何道德意義上受到傷害或得到好處很值得懷疑。

因此，說所有的動物都享有某一形式的道德平等是與常識相悖的。那麼，我們能不能說，所有有感知能力的動物都是平等的？現在我們必須問，它們在甚麼意義上是平等的？很明顯，平等對待所有有感知能力的動物是不合情理的，因為動物有不同的特性，而這些特性是構成不同利益的基礎。貓關心的是得到人道對待和行動自由，而普通人則關心學會如何閱讀以及發展自己的生活規劃等問題；把貓當作潛在的讀者或生活的規劃者來對待，並不會促進貓的利益。更重要的是，尊重自主性的原則適用於人類（在他們足夠成熟時），但不適用於動物（即便有，也是極端罕見的例外）。這一原則可以解釋為甚麼主人把自己的貓帶去看獸醫（即使貓強烈地反抗）的行為不會遭到質疑，而強迫一個有自主能力的成年人去看醫生的行為在道德上則是成問題的。這些理由削弱了那種主張必須給予有感知能力的動物以同等待遇的觀點。

另一方面，有感知能力的動物應得到同等考慮的主張則是合乎情理的。這種主張意味着，如果一個人和一隻動物擁有類似的利益，那麼，我們就必須把這只動物的利益和這個人的利益看作在道德上是同等重要的。要應用這一理論，我們首先需要確定，在人類與動物之間是否有一些類似的利益：人類與動物確實擁有某些大致相同的重要利益嗎？讓我們來看看避免遭受痛苦的利益。痛苦的一個重要特徵就是，從遭受

意義逐步增強的三種「動物權利」

道德地位意義上

動物至少有一些道德地位。動物不是僅為供人類使用而存在的，因此，它們必須因它們自身的緣故而被善待。

平等考慮意義上

我們必須對動物與人類的相似利益給予道德上平等的考慮。例如，動物遭受的痛苦與人類遭受的痛苦一樣重要。

超越功利意義上

和人一樣，動物擁有某些我們不得損害的根本利益（即使存在個別可以損害的情形，那也是例外），哪怕是為了使社會的功利最大化。例如，動物有自由的權利，這意味着，我們不能以有害的方式拘禁它們，即使這樣做可能帶來較多的好處和較低的成本。

痛苦之主體的角度看，它是非常不愉快的、令人厭惡的或「消極的」。當一個人遭受痛苦時，他所體驗到的福利或生活的質量就會降低。因此，所有能夠感受到痛苦的動物都有類似的避免遭受痛苦的利益，這看起來就很合理。如果有感知能力的動物應獲得平等的考慮，那麼，母牛免受痛苦的利益與人類免受痛苦的利益在道德上是同等重要的 —— 雖然不同的平等考慮理論對此解釋略有不同，例如功利主義和強式動物權利論。如果平等考慮不延伸至有感知能力的動物，那麼，母牛所遭受的痛苦就沒有人遭受的痛苦重要。（除非有特別的說明，本書後面的「動物」一詞專指有感知能力的動物。）

如果人們逐漸接受給予動物平等考慮的觀點，並採取相應的行動，那麼，人與動物間的互動關係就會大為不同。在畜牧業、動物研究、鬥牛和牛仔競技表演中，在大多數馬戲團的動物表演和動物園展覽中，在幾乎所有的狩獵行為中，以及在使用動物的其他行為和機構中，我們並沒有像平等考慮原則所要求的那樣平等地考慮動物的利益。因此，接受這一原則將是比較激進的。不論激進與否，從倫理學的立場來看，問題在於給予動物平等考慮是否正確。在我看來，平等考慮是正確的。

平等考慮的問題

　　和人類一樣，動物擁有利益，能夠受益或受害。事實上，如已經證明的那樣，動物擁有道德地位。所以，平等考慮原則不僅僅能夠有意義地適用於人類，而且能夠有意義地適用於動物。那麼，我們應當把該原則應用於動物嗎？是的，從邏輯上講，給予每個人的相似利益以平等道德考慮這個原則應該適用於所有擁有利益的存在物，除非所討論的存在物之間存在着可證明不平等考慮之合理性的相關差異。這樣，在思考平等考慮是否應該延伸到動物時，我們可以首先假定平等考慮是合理的，然後再進一步探討，是否存在任何論證(通過列舉人與動物之間的相關差異)可以推翻那個假定。

　　如果贊成平等考慮之假定的適當性是不明顯的，那麼可以考慮另一選擇：首先假定動物應獲得低於平等的考慮。根據這種方案，儘管我們承認動物有道德地位，我們可能首先假定，把動物在行動自由、不受傷害等方面的利益看得沒有我們的類似利益重要的做法是正確的，而無需為輕視它們利益的這種方式提供任何證明。我認為，這種做法是不公平和錯誤的。

　　當我們考慮人類對動物之態度的歷史，以及持續存在的偏愛人類、反對動物的偏見時，這種方法是特別值得懷疑的。如第一章所示，歷史顯示出了一種利

兩種平等考慮理論

功利主義

正確的行動或政策是那些能夠使利益最大限度地超過損害的行動或政策，這種行動或政策給予受影響各方——包括人和動物——的利益以一視同仁的考慮。

強式動物權利論

和人一樣，動物擁有超越功利意義上的權利(見27頁的方框表，「意義逐步增強的三種『動物權利』」)。

用動物和貶低動物道德地位的明顯傾向。人們傾向於認為(不管是正確地或錯誤地)，他們的利益與動物的利益常常是衝突的——例如，在吃葷、動物研究和害蟲防治的情形中——因此，認真對待動物的利益對人類來說是不利的。所以，我們絕不能忽視自利和偏愛人類的偏見。更重要的是，動物在很多方面與我們不同，而且，動物(除了某些例外)不是我們社會群體的成員。我們從經驗中得知，人們通常歧視地對待那些他們認為與自己不同、而且不是「我們中的一員」的個體，特別是當那些外人容易被支配時。因此，反對動物的偏見是可能的。這類偏見的歷史，以及這類偏見持續存在的可能性，使得不平等考慮的假設很容易導致道德上的錯誤。

這種邏輯上的和實用主義的綜合分析，都贊成給予動物平等考慮的假定。這意味着，不平等主義者，即贊成給動物以不平等考慮的人需要承擔舉證的責任：舉出人類與動物之間的相關區別以證明給予動物不平等考慮的合理性。我懷疑不平等主義者能否承擔這種責任。在本章餘下的部分，我們將探討平等考慮面臨的五個主要挑戰以及對這些挑戰的回應。

訴諸物種

不平等主義者可能會為人與動物的不平等考慮作如下辯護：人與動物是不同的，僅僅因為人就是人，也就是說，人是智人(Homo sapiens)物種的成員。根據定義，物種的這種差異決定了所有的人而且只有人才擁有的特徵，而且，這種差異在道德上是重要的。構成人類獨一無二之道德地位基礎的並不是與智人物種之一般成員相關的那些特質(諸如理性或道德能力)，而僅僅因為他是人。我們知道這一點，因為它是不證自明的。

反駁不證自明的主張是很困難的，因為這種主張傾向於中斷進一步的論證：「那就是這樣，是一個基本的道德事實，所以我不能給你更多的證明。」不過，仍然有一些方法能夠挑戰訴諸物種的觀點。

第一，認為物種在道德上的重要性是不證自明的主張，是值得懷疑的，因為許多人，特別是那些對動

物的道德地位已經認真思考了很久的人，並不認為這一主張是不證自明的。不平等主義者可能會以道德上的無知來回擊：「如果你看不到顯而易見的真理，那我也無能為力。」但這聽起來是獨斷的。一般而言，如果有理性的人不同意某些主張是不證自明的，那麼，就需要對該主張作出明確的證明。但是，對目前的這種觀點沒有更進一步的證明。

更糟糕的是，當我們思考一些生物學事實時，認為物種在生物學方面的差異有着道德上的重要性的觀點也是很難得到證明的。我們與黑猩猩的兩個物種——普通的黑猩猩和矮小的黑猩猩（倭黑猩猩）——有着密切的聯繫；人和這兩者任一之間在DNA方面的差異（大約1.6%）只略高於這兩種黑猩猩之間差異（0.7%）的兩倍。此外，還有與智人不同的原始人，例如直立人（*Homo erectus*）、能人（*Homo habilis*）和粗壯南方古猿（*Australopithecus robustus*）；與黑猩猩、類人猿、大猩猩和猩猩相比，這些原始人與我們的關係更為接近。當各種各樣的其他物種與我們是如此相似時，認為只有智人物種的成員才擁有特殊的道德地位，這是難以讓人信服的。事實上，在我們與我們由之進化而來的原始人種之間並沒有一條明確的生物學上的界線；更沒有甚麼不可思議的突變把「我們」從「它們」之中分離出來。那麼，為甚麼僅僅是我們這一物種擁有特殊的道德地位呢？

現在，不平等主義者可能會改變其論點，聲稱相關意義上的「人類」就包括原始人，而原始人就擁有特殊的道德地位。但是，只要想想，最原始的原始人與最接近原始人的靈長目動物之間在生物學上的差異是多麼的細小，那麼，不平等主義者這種轉移論點的做法就會不攻自破。此外，今天獲得語言訓練的類人猿很可能比最原始的原始人在智力上更發達，因此，認為所有且只有人科擁有特殊道德地位的觀點就更讓人懷疑了。而且，即使我們堅持認為，生物學上的差異在道德上是重要的，那麼，為甚麼假定人類/非人類的區分是關鍵性的？為甚麼沒有考慮把所有的原始人和類人猿歸在一個圈子裏？這個圈子為甚麼不是所有的靈長目動物或哺乳動物？為甚麼我們是這個圈子的成員，而其他脊椎動物不是？由於物種不是生物學意義上的種群分類的唯一根據，因此，很清楚，我們必須拋棄不證自明的主張，轉向贊成或反對平等考慮的論據。

這些討論要求我們超越訴諸物種的觀點，這一點還可以通過設想某種未來可能出現的場景來得到證明，比如我們可能遭遇外星人，而它們比我們更聰明、更敏感和更有教養。如果有人宣稱，這些外星人不是人類這一事實本身就可以證明忽視它們的利益是合理的，那麼，這種觀點就將被指責為某種類似於種族歧視主義和性別歧視主義的偏見。事實上，訴諸物

種的最大困境之一就是，與獨斷的種族主義和性別主義區分道德世界的不同方式類似，它並沒有為把「我們」從「它們」中分離出來提供更多的證明。因此，我們可以得出如下結論：訴諸物種並沒有提供任何可靠的論據來證明給動物以不平等考慮是合理的。

契約論

為不平等考慮辯護的另一種可能的方式，是訴諸於我們所知的傳統倫理學理論——契約論。根據契約論，人們的道德權利和義務是從假想的訂約者所達成的協議中產生的；這些訂約者們討價還價，試圖找到對雙方都有利的原則和規則，並用這些原則和規則來治理他們的社會和建構基本的制度。在契約論看來，由於動物不是能夠參與契約設計的理性主體，因而動物沒有道德地位——這導致它們得不到平等考慮。

證明不平等考慮的這種嘗試有兩個主要的問題。第一，它沒有充分地解釋我們對動物的義務。事實上，契約論關於動物沒有道德地位的意涵表明，契約方法從一開始就是不可信的；因為在前文我們已經看到，虐待動物的錯誤只有通過接受動物擁有道德地位的觀點才能得到恰當的解釋。

彼得·卡拉瑟斯(Peter Carruthers)注意到，認為動物擁有道德地位的論點在直覺上具有較強的吸引力，他試圖用間接義務論來說明我們有不虐待動物的

責任。他指出，虐待動物會使行為者成為一個邪惡的人，從長遠看，他很有可能會虐待人類。在前文我們已經看到，這種形式的論證是不甚合理的，其原因至少在於，這種論點試圖把一個如此確定的道德判斷——虐待動物是錯誤的——建立在猜測性的經驗假設之上，即虐待動物會產生對人類不利的副產品。但是，我們還可以提出進一步的批評，因為間接義務論不能夠解釋，為甚麼虐待動物是一種惡行，而同情動物是一種美德。根據間接義務論，動物缺乏道德地位，因而人們不可能直接對它們做錯任何事情。既然如此，那為甚麼與撕一張報紙取樂的行為相比，把母牛粉身碎骨的行為更能體現有缺陷的道德品質呢？要說明為甚麼虐待行為是一種惡德，唯一合理的方法就是承認虐待行為之受害者的道德地位。

契約論還要面對另一個重要問題：認為只有理性行為者才擁有道德地位的理論對不具有理性能力的人來說包含着某些不安的意涵。如果這種理論是正確的，那麼，那些不具有理解社會契約條款所必需的理性的人，也就不擁有道德地位。很明顯，嬰兒不具備這種理性，但他們被認為是擁有道德地位的。如果契約論者回答道，嬰兒有發展成有理性的行為者的潛力，那麼，胎兒也具有這種潛力。這樣一來，訴諸人的潛力也就意味着，甚至早期胚胎也擁有道德地位並應獲得平等考慮。一些契約論者將會認可這種含義，

但很多人卻不會。

讓我們不再追問嬰兒和胚胎的道德地位問題，而考慮那些甚至缺乏可成為道德主體潛力的人——例如，嚴重智障者。以眼前的觀點來看，他們顯然缺乏道德地位，可以相應地當作缺乏道德地位的對象來對待。然而，卡拉瑟斯試圖以兩種方式來消除這種令人難以接受的含義。

他首先提出了滑坡論：如果我們不把這些嚴重智障者當成如有權利一樣的人來對待(這裏他所指的權利把道德地位和平等考慮綜合在了一起)，那麼，我們將會為虐待那些剛剛滿足理性標準且應享有權利的人的行為提供方便之門。由於我們不能精確地界定那些構成理性行為的能力，因此，在實踐中，我們必然無法準確地劃出一條恰當的界線來判定，誰滿足了以及誰沒有滿足理性的標準。為了避免從這種精細劃分的區別對待的斜坡中下滑到虐待權利所有者，我們應該避免輕易斷言哪些人是有理性的。

這種論證有幾個困難。第一，我們無法界定理性的假定只是一種推測(雖然不是毫無道理)。這個假定肯定比它想要支持的那種道德判斷——即把那些沒有理性的人當作沒有道德地位者來對待(例如，強迫他們做有害的實驗，為獲得他們可移植的器官而殺死他們)是錯誤的——更不確定。第二，考慮這樣一種情況，假設我們能夠準確地界定理性。即使這樣，我們把無

理性的人當作缺乏道德地位者來對待不仍然是錯誤的嗎？這些人的確具有道德地位，這就是為甚麼把他們當作好像沒有道德地位的人來對待是錯誤的。

　　卡拉瑟斯還提出了一個訴諸社會穩定的論證。他認為，這是一個心理學上的事實，即如果我們否定無理性之人的權利，許多人會非常抑鬱，並且不可能照這種政策去做，不管其正當性如何。因此，為了避免這種政策可能導致的社會不穩定，我們必須賦予無理性的人以權利。然而，這種論證也會遇到與前面的論證所面臨的類似問題。第一，它的假設(把無理性的人當作缺乏道德地位的人來對待將導致社會不穩定)只是一種推測，而且，這種假設比這種人不應該被以這種方式對待這一道德信念的確定性更為薄弱。第二，這種假定無法解釋人們的這種道德直覺：在一種假設的情境中，即使人們不會因為把無理性的人當作缺乏權利的人來對待而感到不安，以這種方式對待他們仍然是錯誤的。

　　總之，這種契約論方法錯誤地否定動物擁有道德地位，也不能夠充分説明無理性之人的道德地位問題。因此它無法推翻贊成對動物平等考慮的假設。

訴諸道德能力

　　不再訴諸契約論(它進而依賴於理性主體的概念)，不平等主義者可能直接訴諸理性能力或道德能力

（rational agency或moral agency，這兩個術語我是互換使用的）。在這種理論看來，要擁有完全的道德地位並獲得平等考慮，一個人就必須是道德主體。但是，如何證明這種主張的合理性？一些不平等主義者宣稱可以從直覺上得到證明。另一些則訴諸某種互惠原則：只有當人們履行了道德義務時，才能擁有道德權利或獲得平等考慮，而只有道德主體才能履行義務。如果權利的某些擁有者沒有履行道德義務，那他們就是獲取了道德保護的好處而沒有承擔道德責任（義務）；在互惠理論看來，這對那些承擔道德責任重負的道德主體來說是不公平的。不管不平等主義者是怎樣證明道德能力是獲得權利的基礎這種主張的，他們仍然斷言，人類是道德主體，而動物或至少它們中的大多數不是。然而，這個斷言會直接引出這樣的問題：一些人甚至缺乏成為道德主體的潛力；而且，在處理異常人的道德地位方面，訴諸道德能力的方法也並不比契約論更好。此外，和契約論一樣，它也面臨著要說明動物道德地位的問題。而且，認為道德能力是擁有特殊道德地位的基礎的斷言也是很成問題的。從兩種支持這種主張的方式來看，互惠原則被常識判斷所質疑，例如，嬰兒擁有不被虐待等權利，儘管他不是道德主體，並且一些嬰兒永遠無法成為道德主體。同時，道德能力和權利之間具有聯繫是直觀可信的這種斷言並不是結論性的。雖然許多人認為這種斷言在直覺上是

合理的，但許多其他的人，包括我自己，則不這樣看。對後一組人來說，雖然道德能力與一個人應該如何被對待相關——因為一個道德主體必須被看成是負有一定責任的——但是從道德的角度看，這與一個人的利益究竟有多重要的問題沒有相關性。

如果與可疑的互惠原則分離開來，訴諸道德能力的方法很可能最有力，因為互惠原則斷言，缺乏道德能力的存在物不擁有任何道德地位。另一方面，不是建立在互惠原則基礎上的訴諸道德能力的方法可能會斷言，只有道德主體才擁有特殊的(而非排他的)道德地位，並且承認有感知能力的非道德主體也擁有一定程度的道德地位。這種觀點所存在的問題比其他宣稱動物沒有道德地位的觀點要少。儘管如此，如果這種觀點只能用直覺來支持，那麼人們在直覺上的差異則會使這種觀點顯得可疑。而且，這種觀點也有着這樣一層有問題的含義，即一些人的道德地位比另一些人要低。所以，我們可以合理地得出結論說：訴諸道德能力並不能推翻平等考慮的假定。

訴諸社會紐帶

瑪莉·米奇利(Mary Midgley)發展了一種完全不同的方法，即把道德地位理解為基於關係而非個體的特徵，並且強調社會紐帶的道德重要性。這種方法的出發點是：在與其他人交往時，我們認識到，我們與某

個人的社會聯繫的程度影響着我們對那人的責任的強度。因此，我們對我們的家庭成員和親密朋友有很大的責任，而對我們各種各樣團體的其他成員（例如，鄰里、學校和宗教團體）則只有較少的責任；對那些與我們（除了都是人類社會的成員這一點）沒有關聯的完全陌生的人，我們只有最弱的責任。不過，我們感覺到，與人類其他成員的情感和社會紐帶仍然是重要的，這使我們對他人比對動物具有更強的責任，因為我們沒有和動物形成任何特殊的團體。（這裏存在着例外，比如當動物是人類的夥伴時，我們對動物的責任也是很大的。）因此，這種主張斷定，我們一般可以給予動物非平等的考慮。

這種主張在某些方面是正確的，我們確實對那些與我們有特別密切關係的人有更多的義務。例如，我有義務供養我的孩子，但沒有同等的義務供養其他的孩子。但是，這種看法對平等考慮的意涵是有爭議的。畢竟，我對其他孩子的消極義務也具有同等的道德力量：我不能綁架、虐待或殺害他們，不管他們與我的社會關係多麼疏遠。而且，雖然我有特別的積極義務供養我自己的孩子，但我承認，所有其他的孩子都擁有和我的孩子同樣的基本權利。事實上，我會把某些積極權利（例如獲得足夠營養、衣物和庇護的權利等）納入到基本權利中來，而且，我也不會認為只有我自己所在國家或社會的孩子才擁有這些權利。以這種

方式，我就把平等考慮擴展到了其他所有的孩子——以及所有的人身上了。

此外，正如對所有人都平等考慮與對不同個體負有不同的特殊責任是相容的，對所有有感知能力的動物的平等考慮與對它們負有不同的特殊責任也是相容的。因此，這個通常的信念——即我們幫助處於危難的人的責任強於幫助處於危難的動物的責任——與平等考慮並不一定就是衝突的。畢竟，在一個求助的呼聲不絕於耳的世界中，我們只能有選擇地幫助某些求助者；在這個意義上，積極義務很大程度上是由我們自己酌情處理的。我選擇幫助受饑荒威脅的埃塞俄比亞人而不是薩爾瓦多的難民，但這絕不意味着我認為薩爾瓦多的難民應獲得更少的考慮。類似地，我給予人類事業的幫助比給予動物的更多，但這並不意味着動物應得到更少的考慮。

此外，用訴諸社會紐帶來為不平等考慮辯護的做法是危險的。因為，這種導致不平等主義者斷定動物不應獲得平等考慮的推論，在某些情況下或許會為像種族歧視主義這類令人生厭的歧視提供合理性證明。讓我們設想這樣一個社會，在其中，X種族的成員感覺到彼此之間有很強的社會聯繫，但與Y種族的成員十分疏遠。把社會紐帶看成擁有道德地位的基礎就意味着，X族群的成員可以正當地忽視Y族群成員的利益，而這在道德上是應受譴責的。

總之，訴諸社會紐帶的方法在倫理學上包含有令人不快的含義，把它當作道德地位的基礎是成問題的，但是，就它能支持倫理學上正確的結論而言，它與平等考慮可能又是相容的。通過兩點改進，這種方法作為對平等考慮的挑戰或許能夠變得令人信服。第一，如果我們把社會紐帶解釋為僅僅是決定道德地位的一個因素，而不是唯一的決定因素，那麼，我們就能夠避免支持對某些人的不公平的歧視。第二，我們對其他人的積極義務強於我們對動物的積極義務的觀點可以得到進一步的發展。如果所有人都擁有某些積極權利，包括得到飲食和庇護的權利，那麼，即使個體在選擇幫助的對象上有自由選擇權，一些更大的集體（可能是富裕國家的政府或聯合國）也有義務盡力滿足所有人的基本需要。這種主張進而指出，這些義務是基於人類共同體的觀念。動物對食物或住所（哪怕動物生存之地的氣候狀況危及其生命）沒有類似的積極權利；人類，不論個體還是集體，都沒有義務為動物提供這些利益。對平等考慮的下一個挑戰依據的就是這一論點。

訴諸關於幫助與殺害之道德差異的常識

對於平等考慮最有力的挑戰來自於兩個被廣泛接受的、關於我們對人類的責任與我們對動物的責任之間的差異。第一個所謂的差異是，所有人都擁有某些積極權利，並伴隨着相應的援助義務，而動物缺乏此

類積極權利。第二個所謂的差異是，一般來說，殺害一個人比殺死一隻動物在道德上更糟糕。毫無必要地殺死一隻鳥是錯誤的，無緣無故地殺死一條狗甚至是更糟糕的；但是沒有特別的正當理由（如自衛）就殺死一個人則是最糟糕的，這實際上是一個人所能做的最壞的事情了。甚至那些擁護動物權利的人也普遍同意，殺人與殺死動物的錯誤程度是不同的。依據這個推理線路，就援助的義務和殺戮的錯誤性而言，在人與動物之間是有差別的；這種差異與對動物的平等考慮是不相容的。

關於回應這一挑戰的可能策略，我這裏只能提出幾個論證思路而無法深入展開。關於援助義務的差異，人們也許可作出如下回應。該論點的假設是：（1）人類有積極權利，這種權利使我們有義務幫助那些急需幫助的人；（2）我們（如果有的話）只有非常有限的義務來援助需要幫助的動物。從反駁的角度來說，這些差異與平等考慮是相容的。假設動物與人一樣擁有積極的權利，我們就可以這樣來理解與這一權利原則相應的義務：「作出合理的努力去提供援助，當援助可能是真正有用的時候。」但我們可以進而反駁說，人類在援助需要幫助的動物時，他們的干預行為既有可能對動物有利，也可能會傷害它們。生態系統是很微妙和複雜的，很容易被不適當的干預所破壞。例如，如果我們通過提供食物把狼從饑餓狀態中解救出來，

這可能導致狼的數量過多和新一輪的饑餓危機，還會導致狼過多地消耗它們所捕食的動物。因此，我們對野生動物所做的正確的事情通常就是不干擾它們。有可能對動物有所幫助的干預通常是這樣一些干預，即干涉那些剝削動物的人類活動，例如限制以打獵為樂的人和捕鯨者的行為。認為人們有時應當以這種方式進行干預的觀點是可信的。所以，這種觀點試圖把平等考慮和這樣的判斷(即在實踐中我們不應該過度地干預需要幫助的動物)結合起來。

關於殺人與殺死動物之間的所謂差別，可以有兩個主要的反駁策略(我已在別處仔細分析過)。更普遍的策略是主張，平等考慮並不意味着反對殺人與反對殺動物的道德理由是同等強硬的。平等考慮只是意味着，在動物與人擁有類似的利益(如避免遭受痛苦的利益)時，我們必須給予這些利益以同等的道德份量。儘管我們用同樣的詞匯，即「殺死」，來表明對人的生命和動物的生命的剝奪，但是，這兩種存在物的利益並不是真正類似的。在通常情況下，一個人繼續生存的利益對他的福利來說絕對是至關重要的。人類通常都擁有生活規劃、人生理想和較深的私人關係，所有這些都可能由於過早死亡而被摧毀。相反，假設持續生存是一條狗的利益(第四章支持的一個觀點)，那麼，我們可以合理地斷言，持續生存對狗的福利的影響，沒有持續生存對人的福利的影響那麼重要。狗至

多只有非常短的生活規劃；即使狗之間有各種關係，這些關係的深度和廣度通常也無法與人際關係的深度和廣度相比。因此，這種主張進而指出，一般來說，死亡對狗的傷害要比對人的傷害小。如果我們拿人與處於進化樹中較低位置的動物(例如魚)相比，那麼，死亡對人傷害更大的信念就變得幾乎不容置疑了。

雖然這些比較性的觀點在直覺上似乎是可信的，但是，我們很難為它們提供一個詳細而有說服力的支持理論。然而，沒有這樣一種理論，人們可能就會想，這種觀點在直覺上的吸引力是不是僅僅來自於偏愛人類的偏見。史蒂夫·薩龐提斯(Steve Sapontzis)進行辯護的一個替代方法就是，否定這種觀點——即殺害有感知能力的非人類動物的道德錯誤小於殺害人的道德錯誤——的合理性。兩種策略都試圖證明，平等對待動物既不荒謬，也並非不合理。

結論：一個懸而未決的問題

動物是否應獲得平等考慮，這是一個懸而未決的問題。我已經為一種贊成平等考慮的道德假定作了辯護。很明顯，訴諸物種不能推翻這個假定。幾乎可以確定，契約論也不能推翻這個假定。不過，雖然訴諸道德能力和社會紐帶的公開討論至今未能承擔不平等主義者的舉證責任，但是，這些討論尚不足以排除人們也許能夠更成功地闡述相關論據的可能性。在對平

等考慮的各種各樣的挑戰中，訴諸關於援助與殺害的道德差異之常識的策略，似乎是最成功的。把這種方法與適當發展了的訴諸道德能力和社會紐帶中的一個或兩個結合起來，也許能給平等考慮提出最難以應付的挑戰。但是，我們關於援助與殺戮的直覺很可能是由偏愛人類、反對動物的偏見決定的；這種可能性證明了繼續贊成平等考慮之假定的合理性。只有那種明確的、一貫的、而且比目前已提出的觀點都更具說服力的挑戰，才可能推翻那個假定。

一種可選擇的觀點：區別對待模型

假設贊成對動物平等考慮的假定被成功推翻了，那麼，我們該如何理解動物的道德地位？正如我們所看到的，動物沒有道德地位的觀點是不可信的；我們已經詳細考察了這種觀點的論據。但是，有一種介於極端的觀點與平等考慮之間的觀點在直覺上是可靠的，並且被許多人毫不懷疑地默默接受。

為了弄明白這種觀點，人們需要設想兩種特定的標尺，然後把它們結合在一起。第一種是種系發生的標尺，或者至少是解釋種系發生的某種方式。這是一種關於動物物種演化階梯的標尺，即越接近進化的頂端，在生物學和認知上就越複雜。因此，根據這個標尺，人（目前！）位於這個標尺的最頂端，類人猿和海

豚略低一點(除智人外的原始人位於其間，如果我們把滅絕的物種包括進去的話)。例如大象、長臂猿和猴子等位於這個標尺中略微更低一點的位置，犬科動物和貓科動物的位置又更低一點，兔子和齧齒類動物的位置還要更低。沿着這個標尺更快速地移動，我們就會看到，哺乳動物的位置一般都比鳥類高，鳥類的位置比爬行動物和兩棲動物普遍高一點，爬行動物和兩棲動物又比魚類普遍高一點。在很大的程度上，脊椎動物 —— 包括以上所提及的所有類目 —— 的位置會比非脊椎動物高一些。當然，非脊椎動物包含多種多樣的生命形式，它們並非都有感知能力，即使我們不能確定劃分有感知能力和無感知能力的動物的界線究竟在哪裏。很粗略地講，這就是第一種標尺。

第二種標尺是道德地位的等級結構。處在最頂端的存在物享有最高的道德地位並應獲得完全的考慮。處於略低一點位置的存在物應獲得認真的考慮，但這種考慮要比最頂端的生物少一點。當一個存在物的位置從這個道德地位或道德考慮的標尺下滑時，它所享有的考慮的量就相應地減少。當一個存在物的位置下降到某一點時，它就只應獲得極少的考慮。它們的利益具有道德上的重要性，但並不是很重要，所以，當它們的利益與那些道德地位更高的存在物的利益發生衝突時，它們的利益通常被犧牲掉。我們可以在腦海裏在剛剛描述過的存在物之下劃一條線。所有低於這

條線的存在物都沒有道德地位。如果存在着好的理由來有節制地對待它們，那只是因為這樣做有利於那些擁有道德地位的存在物的利益。所以，這是道德地位的一個標尺，不平等考慮的區別對待標尺。

要掌握這種與平等考慮不同的觀點，我們就要把種系發生的標尺與不平等考慮的區別對待標尺結合起來。在由此產生的圖景中，只有人類享有完全的平等考慮。在現存的物種中，類人猿和海豚應獲得略少的考慮，大象、長臂猿和猴子又更少一點，如此等等，不一而論。處於獲得最少量考慮者與沒有道德地位者之間的，是那些最原始且感知最簡單的生物——更多的是無脊椎動物。從常識的角度，我們可能會認為，無感知能力的存在物沒有利益，並把道德地位的界線劃在它們之上。這種觀點既可以避免那種認為動物缺乏道德地位的理論所產生的問題，同時又很容易接納這種普遍信念：殺死一個人一般地說比殺死一條狗更糟糕，而殺死一條狗比殺死一隻鳥更糟糕，等等。這種觀點還與我們對人比對其他動物具有更強的義務的信念完全吻合。因為，在這種觀點看來，我們對於所有的人都有更強的義務。

理解動物道德地位的兩個框架

平等考慮的框架

動物應獲得平等考慮(見27頁的方框:「意義逐步增強的三種『動物權利』」)。

區別對待模型

人類應獲得完全的平等考慮。其他動物應獲得的考慮與它們在認知、情感和社會性等方面的複雜性成正比。例如,猴子的痛苦沒有人的痛苦重要,但比老鼠的痛苦重要,而老鼠的痛苦則比雞的痛苦更重要。

抵制這種觀點的主要原因是對平等考慮這一假定的青睞。不管這種區別對待模型在直覺上具有多大的吸引力,只有在其對給予動物較少考慮的做法作出明確的、令人信服的證明之後,我們才能負責任地接受它。沒有這樣的證明,忽視(例如)狗所遭受的痛苦的重要性的做法(僅僅因為遭受痛苦的主體是一條狗),就是十分武斷的。如果忽視或貶低所有動物的利益的做法是正確的,那麼,人們就得拿出一些理由來證明為甚麼這樣做是正確的。如果確實存在着這樣的理由,那麼最好先找到它。然而,我非常懷疑能否找到這樣的理由,這就是我接受平等考慮之主張的原因。

結論

本章介紹了道德地位、道德權利和平等考慮的概念，以及贊成和反對把這些概念應用於動物的主要論據。回到本章開始提到的案例，我們現在可以對這一最初的判斷——在一年一度的射殺節上殘酷對待鴿子的行為是錯誤的——作出說明。為甚麼是錯誤的？因為它在沒有任何可信理由的前提下給動物帶來了極大的傷害。但是，為甚麼毫無理由地傷害鴿子或其他有感知能力的動物是錯誤的？正是在這個問題上，上述主要概念可以發揮重要作用。

首先，鴿子和其他有感知能力的動物都擁有道德地位。也就是說，它們的利益——或者說它們的整體福利——具有獨立的道德重要性。換言之，我們對動物負有義務，而且，這些義務不是基於人類自身的利益。動物本身可能受到委屈。為了動物本身，我們應該善待動物。

這是否意味着鴿子以及其他動物都享有道德權利？是的，至少在這個詞的三種含義中最寬泛的意義上；根據這種最寬泛的含義，擁有道德權利就是擁有道德地位。

現在讓我們考慮更嚴格的平等考慮意義上的「權利」。鴿子能夠被錯誤對待的事實並不意味着，它們應該獲得平等考慮。根據區別對待理論（它賦予動物

以道德地位而不是平等考慮)，毫無必要地嚴重傷害鴿子也是錯誤的。如果鴿子和其他有感知能力的動物應獲得平等考慮，那麼它們就擁有這種嚴格意義上的道德權利。平等考慮不僅反對獵殺鴿子，而且還反對(例如)畜牧業，如果人們不需要靠肉食來維持生命的話(見第五章)。另一方面，假設區別對待理論是正確的，那麼，雖然射殺鴿子取樂、把它們的頭敲碎以及把它們悶死的行為都是錯誤的，但是，給家庭農場的雞提供相當舒適的生活、並且只為了吃肉而殺死它們的做法就是正確的——儘管我們不是真的需要食用這些肉，而且不能以這種方式對待人類。

鴿子和其他動物是否擁有最嚴格的、超越功利意義上的權利？在這種意義上，只有當他人不能剝奪一個人所擁有的某種事物(即使這種剝奪能夠帶來最大的功利)時，這個人對此種事物(例如活動的自由)才擁有權利。從實踐的角度看，確認動物是否擁有這種超越功利意義的權利並不重要(動物研究的情況可能是一個例外，見第七章)。道德地位和平等考慮的問題在實踐中是更為基礎和更有深遠意義的問題。事實上，並非所有的倫理學家都同意，人類擁有超越功利意義上的權利。基於這些原因，我沒有探討關於這種意義上的動物權利的爭論，而是把這個爭論留給專業的哲學家們。

第三章
動物是甚麼

　　一隻哆嗦的浣熊在車庫裏被逼得走投無路，只能緩緩後退，眼睛緊盯着手握掃帚正逐漸迫近的男人。這個人想把浣熊從車庫裏趕走，而這隻動物的行為在他看來是流露出畏懼的。一隻狐狸的腿被鋼製的捕獸夾困住，夾子深深地扎入了它的皮膚裏，它掙扎了幾個小時試圖逃脫，但毫無用處，它慢慢地咬斷自己的腿以便使自己與捕獸夾分開。一個路過的人看到了這種情景，他能夠想像到，這隻狐狸正在遭受巨大的痛苦和折磨。一條狗由於其人類朋友舉家外出旅行，第一次被寄養在寵物寄養站；它有些神經兮兮，心情狂躁，還在地板上大小便。寄養站的工作人員相信，這條狗在這個陌生的環境中有些焦躁不安。

　　人們以為浣熊會感到畏懼、狐狸會感到痛苦和折磨、狗會感到焦慮似乎是很自然的，但是，這種看法有充分的根據嗎？有可靠的證據支持對動物行為的這種解釋嗎？在更一般的意義上，動物有哪些形式的精神生活？雖然這個問題很容易顯示出科學上和哲學上巨大的複雜性，但是，本章對動物的精神生活只提供

圖3　一隻被捕獸夾困住的狐狸

　動物權利

一個初步的和一般性的討論 —— 動物屬甚麼樣的存在物？它們是怎麼樣的？本章的主要論點是，有相當多的動物，包括大多數或全部的脊椎動物，或許還有一些無脊椎動物，都擁有豐富多彩的情感。不過，在探尋證據之前，我們需要理清某些關鍵術語。

一些基本概念

一個存在物要擁有精神狀態或精神生活，它就必須擁有某些知覺或意識。但甚麼是知覺？我們將通過參照其他類似術語和列舉事例的方法來闡明這個術語。

如果一個人或一隻動物在某個特定時刻擁有某些主觀的體驗，那麼他或她在那時是有知覺的。這些體驗包括我們清醒時的所有意識狀態，甚至包括我們做夢時所體驗到的那些雜亂的思維和情感狀態。與知覺關係密切的概念是感知，即擁有情感的能力。反過來，情感既包括感官的感覺，例如疼痛和噁心，也包括情感狀態，如畏懼和喜悅。所有有感知能力的存在物都有知覺的狀態。例如，所有有感知能力的動物大概至少都能感受到痛苦或愉悅。

把知覺與傷害感受區別開來是重要的。傷害感受是疼痛過程中的第一個事件，它是對潛在的傷害或組織損壞的察覺，因特定神經中樞器官(傷害感知神經元)受刺激而產生；傷害感知神經元在軸突周圍激起

脈衝（神經元起着脈衝傳遞通道的作用）。這類刺激包括割、壓、刺、熱、冷、組織的發炎和肌肉痙攣。傷害感受本身不是知覺或意識的狀態，但它通常與這類狀態同時發生，通常表現為疼痛。和伯納德·羅林（Bernard Rollin）一樣，人們可能會把傷害感受理解成「疼痛的機器或導管」；儘管如此，在某些特殊情況下，仍可能存在沒有疼痛的傷害感受，例如，嚴重的脊椎損傷可以使截癱患者仍保留神經反射系統，但是沒有疼痛的感覺；被實施了全身麻醉的動物也是如此。

雖然對「知覺」這一術語沒有完美的定義，但經驗和常識足以幫助我們理解這個基本概念。當我們醒着或在睡夢中時，我們都會體驗到主觀的狀態；並且，我們知道，在一些睡眠和全身麻醉狀態中，我們沒有這類主觀的狀態。正如我們將要看到的，經驗證據有力地支持着這樣的常識判斷：許多動物也有知覺的狀態，即使它們的意識與人的典型意識相比更簡單，有着更少沉思的色彩，並且更少依賴於語言。

動物的疼痛和其他感覺的證據

雖然大多數人都相信，許多動物能體驗到疼痛，但是，對動物之精神狀態的負責任的討論必須要考慮，是否有證據來支持關於動物具有這種或其他屬性的看法。不過在這裏，如同對動物的其他精神狀態的

討論一樣，我們需要一個操作性的定義來說明我們要討論的對象。我們自己對疼痛的體驗(關於疼痛的現象學)以及對疼痛現象的科學研究都大體支持這種理解：疼痛是一種不愉悦的或令人厭惡的感覺經驗，通常與實際存在的或可能出現的組織損傷聯繫在一起。(這個定義並不包括「情感的痛苦」，情感痛苦是對最基本的「疼痛」的一種象徵性的延伸；「遭受折磨」通常是對「情感痛苦」的貼切而嚴密的表達。)

現在，當我們追問某類動物是否體驗到了某種特定的精神狀態時，有四種證據與之相關。首先，人類現象學有助於我們瞭解精神狀態的分類，並使我們知道這些狀態是怎樣的。這可以幫助我們建立一個操作性的定義，從這一點出發，我們可以提供其他三個方面的信息來證明非人類動物擁有某種特定的精神狀態：特定情景中動物的行為、動物生理學和功能進化理論。其中功能進化理論探討的是生活在特定小環境中的某種動物之精神狀態的變化過程。

讓我們把這類證據與疼痛聯繫起來加以考慮。無疑，動物的舉動通常表明，它們似乎正處於疼痛之中。下述三種行為中的任何一種都能表明某種程度的疼痛：(1)避免或逃脱一種有害的刺激(例如，把爪子從利器上縮回)；(2)傷害事件之後的求助(例如，哭喊)；(3)盡量不使用身體的某個過度勞累或受傷的部位以使它們得到休息和恢復(例如，不活動受傷的肌

肉部位而活動其他部位)。大多數動物，包括昆蟲，都表現出行為(1)，雖然某些動物的這類行為也許是基於無痛苦的傷害感受或對刺激的某些類似的無意識反應。脊椎動物和一些非脊椎動物也表現出行為(3)。行為(2)可能僅僅與社會性相對較強的動物有關，在哺乳動物和鳥類中較為普遍。動物學習並適應新環境的證據加強了這樣一種信念：上述三類行為中的任何一類都表明動物能感受疼痛，因此動物具有感知能力。這類證據在脊椎動物和至少一些非脊椎動物(如章魚和魷魚)中都能發現。

現在來看看關於動物疼痛的生理學方面的證據。各類脊椎動物都普遍擁有感受疼痛所需的生理機制。疼痛是與一定的生理變化相聯繫的，包括在特定神經通道中的大量神經脈衝，以及大腦特殊部位的新陳代謝和電波活動。依次地，這些活動還會引發其他的生理反應，例如，交感神經–腎上腺髓質系統和下丘腦垂體–腎上腺皮質系統的變化。不僅神經生理學和神經解剖學上的疼痛在這些動物身上很相似，而且這些動物還有相同的調節疼痛的生理機制，如內源性阿片。此外，在所有的脊椎動物和一些非脊椎動物中，麻醉和止痛劑能夠控制明顯的疼痛。事實上，如果動物在感受疼痛和其他負面的精神狀態方面與人沒有重要的相似性，那麼，用動物作為模型來研究人類的此類狀態就將變得毫無意義。

依據進化論對疼痛之功能進行的研究也為動物疼痛提供了另一種形式的證明。疼痛的生物學功能明顯有：(1)為可能發生、正在發生或已經發生的組織損壞提供機體方面的信息；(2)激發機體作出有可能避免傷害或使傷害最小化的反應，例如使肢體迅速地從有害刺激源中移開或為了恢復而不活動肌肉。疼痛的不愉悅性為適應性的、保存生命的反應提供了動力。

然而，人們可能再次回應說，傷害感受或類似的反應——沒有疼痛或任何意識的知覺——也許同樣能夠發揮使動物遠離傷害的功能；在這種情況下，功能進化論的論據可能並不能支持動物的疼痛這一事實。然而，進化傾向於保存有效的生物系統。進化不是自發地(沒有「設計限制」地)產生能很好地適應特定小生態環境的新的生物，而是在遺傳稟賦和從進化的祖先那裏繼承下來的機體系統的範圍內促使生物發生變化。我們現在知道，人類感覺疼痛的能力對於機能和生存來說是重要的。如果人感覺疼痛的能力嚴重受損或完全喪失，例如感覺缺失的麻風病人，在沒有得到特別照顧的情況下，其生命將處於危險之中。使我們產生意識的類似神經結構，以及與其相聯繫的疼痛行為，也能在脊椎動物中發現，這一事實表明，疼痛對它們來說有一種類似的功能，並且，至少從脊椎動物進化的整個過程來看，自然選擇保存了感受疼痛的能力。

然而，除了如章魚、魷魚等最「高級」的非脊椎動物外，在其他的非脊椎動物中，關於疼痛或者更一般意義上的感知卻非常不確定。例如，令人印象深刻的一些昆蟲的複雜舉動，如螞蟻和蜜蜂，似乎表明它們有感知能力；人們可能把在所有昆蟲中明顯的疼痛舉動——避免或逃脫有害的刺激——當作這些生物能感受痛苦的強有力的證據。然而，一些昆蟲的行為——如在受傷或失去身體部位之後仍繼續進行往常的活動，或者不減輕受傷肢體的負擔——又有力地表明，它們缺乏感知能力。此外，與脊椎動物相比，昆蟲有非常原始的神經系統。最後，昆蟲的生命週期很短，學習能力也很低，因此它們能從意識狀態（如疼痛）中得到的好處很有限。驚嚇反射可能足以使它們從大多數危險情況下逃脫。因此，目前可獲得的證據太不確定，無法確切地在有感知能力與無感知能力的動物之間劃清界線，雖然我們完全可以肯定，一些非脊椎動物（如變形蟲）沒有感知能力。

　　正如我們所看到的，關於非脊椎動物有感知能力的可能性是很不確定的，然而大量證據表明，很多動物能夠感覺到疼痛，這顯然包括所有的脊椎動物。但是，那些能感受疼痛的動物也能感受快樂——至少是以愉悅感的形式——卻基本上是可以肯定的。（動物也能體驗快樂情感的觀點還需進一步論證。）我們還可以肯定，能感受疼痛的動物也能感受到身體的不適，

即一種與疼痛不同的不愉悅的感覺。不過，我們無法在此對這些精神狀態作出精確的定義或給出具體的證據。

悲傷、恐懼、焦慮和痛苦的證據

疼痛是感官性的，因此與身體的特定部位有聯繫；而悲傷、恐懼、焦慮和痛苦是情感性的，因此與體驗到這些情感的整個主體相關聯。在為動物身上出現的這類狀態提供詳細證明之前，讓我們先弄清這些概念本身的含義。

我們從痛苦開始，它與其他幾種情感都有聯繫。注意，痛苦與疼痛是不同的，因為沒有其中一種，另一種也可以發生。比如我捏自己的手，會覺得疼痛但沒有痛苦；反之，某人因恐慌而痛苦卻沒有疼痛。痛苦與悲傷也不一樣。如果你僅因某事的最後期限將至而略感苦惱，那你就沒有痛苦。痛苦是一種高度不愉悅的情感狀態，總是與一定程度的疼痛或悲傷聯繫在一起。因為痛苦是根據疼痛和悲傷來定義的，痛苦的證據同樣也是疼痛或悲傷的證據(痛苦是更嚴重的疼痛或悲傷)。我們在前面已討論過疼痛。

悲傷是一種典型的不愉悅的情感，是對環境挑戰或打破內在平衡的刺激的反應。它可能由迥然不同的現象引起：如瞥見掠食者的逼近、將要失敗的信念、腹瀉等。悲傷會以多種多樣更具體的精神狀態表現出

來，例如恐懼、焦慮、失望和無聊。徹底地探討悲傷需要考察所有這些精神狀態，在此我們將僅僅考察恐懼和焦慮。

恐懼促使我們對察覺到的危險作出專注的反應，並為未來的反應作準備。雖然輕微的恐懼可能是愉快的，如滑雪時的感覺，但恐懼一般是不愉快的。恐懼是一種典型的對可察覺到的危險作出的不愉快的情感反應(通常是在緊急情況下)，一種集中注意力以採取保護措施的反應。與之相比，焦慮伴隨着一種更一般的(而不是集中的)對環境的警覺和注意的狀態。它通常會限制我們的精神資源和阻礙我們的行動，從而使我們關注所處的環境，直到我們決定如何對任何可能產生的挑戰作出反應。儘管恐懼和焦慮是緊密相關的，但焦慮特別易產生於不熟悉的環境中，這解釋了為甚麼焦慮比恐懼更不易集中注意力。此外，至少對人來說，焦慮的對象常常是對自我形象可能的損害。焦慮是一種典型的對可覺察到的、影響自己的身體或心理健康的威脅作出的不愉快的情感反應，這種反應一般都對行為加以抑制，並導致對環境的高度警覺和注意。從常識上看，恐懼與焦慮在互補性的環境中都有類似的保護性功能。例如，一隻貓在獸醫的候診室這一新環境下可能會焦躁不安。在它第二次造訪此地時，它可能會感覺到恐懼，因為它回憶起了上次造訪時所接受的疼痛不堪的注射。但現在讓我們超越常識

意義上的主張而轉到更嚴密的證明上來。

現在來看看焦慮的證據，它在我們所討論的這幾種精神狀態中最有可能引起懷疑。首先，人類焦慮的典型行為和生理特徵，在處於可能使其產生焦慮的情景中的許多動物身上也可發現。這些特徵(如果有的話)是：(1)自主神經亢奮，如心悸、出汗、脈搏頻率加快和呼吸急促等；(2)運動肌肉緊張，例如在易受驚嚇的狀態下；(3)在新環境中抑制慣常的舉動；並且(4)過度專心，例如在視覺掃描時。這些特徵與焦慮的定義相符，它們進一步從行為和生理兩個方面為動物的焦慮提供了證據。此外，我們已經看到焦慮的適應性價值或進化功能：它使動物抑制某些行為，並小心地觀察環境，為保護行為作準備。

其次，人類的焦慮和動物的某些精神狀態(這裏我們推斷為焦慮)都可以通過類似的方法用某些藥物來調節，這些藥物會產生類似的神經生理和神經化學方面的變化。例如，在一種測試中，隨意地處罰口渴的老鼠會導致老鼠減少飲水量 —— 對正常行為的一種抑制。但給老鼠服一種抗焦慮的藥物會使它恢復正常的飲水量。另一種測試是把動物放置在新環境中(例如燈光明亮的空地上)。之前服用了抗焦慮藥物的動物顯然比沒有服這類藥物的動物焦慮更少。此外，當把能引發人的焦慮的藥物給動物服用時，動物就會表現出與焦慮相關的行為和生理反應。

由於上述與焦慮有關的大多數研究的實驗對象都是哺乳動物，所以下面的研究成果就顯得特別重要。科學家很早就知道，在人體中是幾乎所有抗焦慮因子酶作用物的苯二氮卓受體，在哺乳動物身上也有。最近的研究表明，五種接受測試的無脊椎動物沒有一個有這種受體，並且沒有一種軟骨魚(一種處於脊椎動物和非脊椎動物分界處的動物)有這種受體。但是，所有其他被檢測的物種——包括三種鳥、一種蜥蜴、青蛙、龜和三種多骨魚——都有這種受體，這為下述結論提供了又一證據：至少大多數脊椎動物能夠體驗到焦慮。

　　雖然把可獲得的證據加在一起可以得出這種結論，但這並不意味着，除了共同的不愉快以及高度的警覺和注意力外，人類的焦慮與動物的焦慮在性質上是相似的。毫無疑問，依賴於語言的人類思想的複雜性使人所體驗到的焦慮與動物所體驗的焦慮是很不一樣的。我們這裏提出的觀點是，許多物種的動物都具有感受本書所定義的「焦慮」概念的能力。

　　考慮到焦慮和恐懼之間有密切的聯繫(正如上面已解釋的)，我們就可以斷言，能夠感受焦慮的動物也能夠感到害怕。支持這一常識判斷的是這一事實：所有的脊椎動物都有自主神經和大腦邊緣系統，而它們包含着恐懼和焦慮的基質。當然，這類動物的行為常常好像是處於恐懼之中；從進化論的立場看，這是一種具有適應價值的狀態。

如果某些動物能夠體驗恐懼和焦慮(亦即悲傷的兩種形式)，那麼，它們能否體驗到悲傷就不再是個問題。但是，它們能體驗到痛苦嗎？很明顯，痛苦是一種高度不愉快的、與一定程度的疼痛或悲傷聯繫在一起的情感狀態。我們已經證明，脊椎動物能夠體驗疼痛和悲傷。但是，如果一些動物只能體驗到最低限度(而並非很強烈)的此類狀態，那就意味着，它們不能體驗痛苦。尚不清楚的是，哪些證據才能支持某些動物僅能體驗到最低限度的疼痛和悲傷這一判斷。該判斷與下面這個一般性的推測是不同的：有最原始的感知能力的動物擁有微弱的精神生活。總之，由於所有的脊椎動物和至少一些非脊椎動物顯然是有感知能力的，因而我贊成這種暫時性的假定：至少大多數脊椎動物能體驗到痛苦。

對某些懷疑論的回應

我們已考察過的證據支持這種論點：大部分動物，包括大多數或全部脊椎動物，或許還有某些非脊椎動物，有多種多樣的情感。然而，我們在這裏不太可能討論那些支持更複雜的精神現象的證據：動物與人類可能共享、也可能不共享這些更複雜的精神現象，如思考或推理、語言、自主決策。(這些我已經在

別處探討過。)不過，我們還是有必要確認並反駁某些懷疑動物之精神生活的所謂理由。

一個通常的論點是：動物缺乏知覺或意識，因為它們缺乏不朽的靈魂，而靈魂是非物質性的。但是，這是一種非常不可靠的論證。它忽視了所有的關於動物意識的經驗證據，卻建立在這樣一個沒有證據的假設之上：只有人類擁有不朽的靈魂，任何其他動物都沒有。人們不禁會想，在從原始人進化而來的過程中，我們的祖先究竟是甚麼時候開始擁有了靈魂！事實上，科學和哲學思想的發展使得斷言人類有不朽的靈魂變得越來越困難（即使不是不可能）。神經學和心理學對於靈魂並沒有提供有價值的解釋；而肯定它的存在會遇到嚴重的、關於非物質存在和物質存在之間的因果關係問題。即使相信靈魂是個人信仰的一個重要部分，這種信念並不是對動物精神生活的負責任的探究。

有些哲學家認為，因為語言對於知覺來說是必需的，所以動物肯定沒有知覺。即使我們假定，目前存在的動物沒有語言 —— 儘管少數受過嚴格訓練的類人猿和海豚例外 —— 這個論點仍然是沒有根據的。雖然語言對於表達一種知覺狀態來說確實是必需的，但是，沒有理由認為語言對於享有這種狀態始終是、甚至通常是必需的。如果這是確實的，那麼嬰兒在掌握語言之前就應該體驗不到痛苦、快樂和恐懼 —— 這種觀念的不真實性在今天幾乎人人都承認。對某些特別

情感的表達(例如對自己終有一死的恐懼)，涉及到抽象的思維能力，可能需要語言上的能力去形成與之相關的思想(如必死性)。但這絕不表明，沒有語言的動物就沒有情感。

人們有時也聽到這樣的觀點：高度的理性能力對知覺狀態(包括情感)來說是必需的。但沒有令人信服的理由來使人接受這種觀點。當然，因為回應某些情感需要複雜推理，高度的理性能力是必需的，例如，一個人為了改善自身健康而設計周詳的計劃，以便降低由於疾病所帶來的痛苦和悲傷。但是，對於體驗痛苦、悲痛以及我們已經討論過的其他情感來說，並不需要複雜的推理。

懷疑論者可能還會通過論證動物沒有自我意識來挑戰動物有知覺這一論點。但這種論點不是未能把知覺與自我意識區別開來，就是假定前者依賴於後者。但請注意，從概念上說，自我意識比基本的知覺更具體更複雜，它涉及到自我的概念。而且，事實上沒有一個清晰的理由能證明，為甚麼所有的知覺都必須包括自我意識。要觀察一棵樹需要知覺 —— 假定我們所使用的「觀察」一詞涉及到有意識的體驗 —— 但是，這種視覺體驗並不需要意識到誰正在觀察。因此，我們一般都認為，甚至很幼小的嬰兒，在他們獲得某些重要的自我意識形式之前，都能夠擁有某些情感，例如痛苦或愉悅的感覺。

然而，人們可能爭辯說，即使動物有一些精神狀態，它們缺乏自我意識就足以表明，它們缺乏某些特定的精神狀態，如痛苦。也許先前所陳述的「痛苦」的定義是不完整的；依據埃里克‧卡斯爾(Eric Cassell)的觀點，痛苦涉及到對自我持續存在的意識，並且在痛苦的過程中，人們感覺到自我的完整性受到威脅。雖然這些懷疑論者通常都沒有清楚地說明「自我的完整性」這類概念的含義，但是，讓我們假定這一假設是正確的：痛苦涉及到對自我持續存在的意識，即短暫的自我意識。

　　關於動物的痛苦，懷疑論面臨的主要困難是，我們有充足的理由認為，很多動物擁有短暫的自我意識。例如，考慮一下我們的主張(可能很少會有人否定它)：脊椎動物能體驗到恐懼。而我認為，除非主體擁有某些能延續到未來的知覺，恐懼是不可能的。畢竟，人們是對某些在(可能很近的)未來可能會發生在他們自己身上的事情感到恐懼。當然，人們可能會堅持認為動物沒有恐懼的能力，以此來保持對動物的短暫自我意識和痛苦的懷疑態度。但是，我們已經為動物的恐懼提供了證據，卻並沒有看到支持動物缺乏短暫的自我意識的主張的證據或論證。

　　進一步的思考，包括下面的兩點，為許多動物擁有短暫自我意識的論點提供了支持。第一，認知行為學的發展 —— 該學科以進化生物學為背景研究動

圖4　一隻正在「釣」白蟻的黑猩猩

物的行為——傾向於支持那種認為許多動物擁有信念、欲望和有意識的行動的觀點。認知行為學的主要觀點是，就我們所瞭解的關於動物的所有行為來説，對其行為的最好解釋就是，動物具有這些屬性。如果一條叫魯弗斯的狗想要（期望）到戶外埋一塊骨頭，而且是有意這樣做的，那麼，這就意味着，魯弗斯擁有自我持續存在的某些知覺；欲望通常與本人在未來的福利狀況有關，而意圖也是在一段時間後才能實現。第二，有大量獨立的證據表明，脊椎動物既擁有記憶又擁有對未來的期望。例如，有確切的證據表明，許多鳥對於它們所隱藏的食物有全面的記憶。這樣來説，如果動物的任何記憶或期望包括了動物自我的某些再現（如對一次受傷的記憶），而這似乎是可能的，那麼，這就意味着動物擁有某種短暫的自我意識。總之，如果説痛苦以及其他某些感情（包括恐懼）可能需要一定程度的短暫自我意識，那麼我們就有充分的理由認為，至少大多數脊椎動物都擁有這類自我意識。

讓我們作一個總結。本章從三名人類觀察者開始，他們分別認為浣熊感到了恐懼、狐狸感到了強烈疼痛和痛苦、狗感到了焦慮。現在我們可以説，現有證據表明，他們所認為的動物的這些感受都是真實的。

第四章
痛苦、拘禁與死亡的傷害

　　雷切爾剛搬進她的新家，在壁櫥裏發現了一隻老鼠。考慮到動物的福利，她想盡可能無傷害地把老鼠趕走，並考慮了兩種方案。一種方案是放置一個裝有奶酪的致命的捕鼠器，這種產品有一個能夠擊碎脊骨的金屬制撞擊裝置，能使老鼠立即死亡。雷切爾認為這種選擇實際上能讓老鼠無疼痛死亡。另一選擇是，她可以用一個「人道的」捕鼠器，它裏面裝有奶酪，能引誘老鼠進入一個容器內，當奶酪被觸動時容器就會關上。之後，她可以把容器中的老鼠帶到野地裏放走。雷切爾想知道，無疼痛死亡是否會傷害一個有感知能力的動物。如果不會，那麼無疼痛地殺死一隻老鼠不會導致傷害。但她又想到，為甚麼她會認為「人道的」捕鼠器是值得考慮的？畢竟，當房主人外出工作或晚上睡覺時，一隻被逮獲的老鼠可能要在捕鼠器內呆數小時。在那段時間裏，或在它被帶到野地的過程中，這隻老鼠毫無疑問會體驗到不愉快的情感，如恐懼、焦慮和受挫感。當在野地裏被放走時，老鼠可能也會因為被迫離開了家或其他社會組織成員而感到

沮喪——如果沮喪屬老鼠的情感之一的話。因為這種「人道的」捕捉方法會導致某些體驗上的傷害，很明顯，這種方法比捕獲並立即殺死它的方法更惡劣，除非死亡對老鼠也造成了傷害。只有在這個意義上，「人道的」捕捉方法因避免了老鼠的死亡才顯現出其優勢。

一隻袋鼠已經在動物園舒適的拘禁狀態下生活了數年。自被拘禁以來，它與心愛的夥伴們離別的悲傷感覺已經漸漸地逝去了。它不再希望逃離動物園。總的說來，受挫的期望轉換成了很容易得到滿足的溫和的欲望——對食物、舒適、偶爾的刺激等的欲望。如果返回野外，這隻袋鼠會有更大的自由，但同時也會遇到更多的困難，例如，變化的天氣、疾病的威脅（卻沒有獸醫照顧），還有捕食者。它的處境激起了人們對動物自由的價值的思考。對自由的限制（特別是嚴重限制自由的行為），經常會因給動物——以及人類——帶來悲傷和痛苦而傷害到他們。但對這只袋鼠的這種拘禁，在目前看來似乎還不是傷害。我們甚至可以假設，如果袋鼠返回野外，它體驗到的舒適度或生活質量將會下降，壽命也許會更短。即使這樣，它在野外會更好嗎？在野外，它將再次獲得更全面地運用其自然能力（如感知能力、體力和「智慧」）的機會。袋鼠將重新行使更高程度的物種特有功能，它將過一種更富生機的屬袋鼠的獨特生活。拋開對其體驗到的幸福

的影響，對袋鼠來說，這種生活是否更有價值呢？

總之，是甚麼使動物受到傷害或受益？動物的主要利益是甚麼？相應地，動物福利的性質是甚麼？在回答這些問題之前，我們需要研究動物的精神狀態以便瞭解動物擁有哪類體驗(這我們已經在前一章討論了)，因為幸福體驗是動物福利的主要組成部分。現在，在轉到涉及動物的特殊倫理問題之前，我們需要知道我們的行為是如何影響它們的福利的。

痛苦的傷害

在其餘條件都相同的情況下，如果動物或人類能體驗到更高程度的幸福，那麼，他們的生活就會更好。愉悅的、有趣的或有吸引力的體驗容易使個體感覺到幸福。這類體驗主要是因其本質或其自身的緣故而被珍視；這些體驗感覺很好，我們也喜歡此類體驗。但這些體驗也有工具性的價值，因為感覺良好的個體通常能更好地追求自己的目標。而感覺不好的個體通常心煩意亂，痛苦、恐懼、沮喪等情緒會使他們遠離自己所追求的日常目標；有時這些令人厭惡的狀態是如此分人心神，以致個體只想着盡早結束這樣的狀態。(當然，強烈的愉悅也會讓人分心。也許正因為這樣，快樂的短暫性有其進化論的基礎。)

因此，令人厭惡的精神狀態是有害的。為了方便

起見，我們可能犧牲一點精確性而把這類狀態——疼痛、悲傷、焦慮、痛苦等——統稱為痛苦狀態。這樣，我們就可以用一個詞來指認一種類型的傷害。痛苦是一種傷害，給一個人帶來痛苦就是對那個人的一種傷害。人類傷害動物的最明顯而常見的方式，就是給動物帶來痛苦。

正如愉快的精神狀態本質上是有益的那樣，痛苦本質上是有害的。這一點並不會因為遭受痛苦有時可能會使一個人受益而自相矛盾。一些犯下恐怖罪行的人可能需要受些苦才能真正悔悟並變成一個更好的人。又踢又哄地帶一隻貓去獸醫站做手術以便恢復它的腿的正常功能，這種做法能使貓受益，即使整個過程使它承受了一些痛苦。此外，如我們在第三章所討論的，每一種具體的痛苦形式（如恐懼和焦慮）都有生物學上的功能以及適應性的價值。因此，痛苦雖然並不總是帶來傷害，但是，總的來看，痛苦在本質上總是有害的；沒有人會僅因受苦而感到幸福。而且，痛苦在工具性的意義上也是有害的，因為它妨礙了對目標、目的和計劃的追求。人們通常都有精心策劃的生活目標，這些目標的成功對他們來說是非常重要的。動物擁有的是較為簡單的目標。不過，我們仍然有理由認為，動物，即便是魚，也擁有某些欲望——如對食物的欲望——而痛苦會妨礙這些欲望的實現。

痛苦是一種傷害，這不是真正引起人們爭論的問

題。事實上許多人，包括很多動物研究者、政策制定者和哲學家，都認為我們能夠傷害動物的唯一方式就是使動物遭受痛苦。因此，人們通常認為，無疼痛地殺死一只用於研究的動物，在道德上是沒有問題的，因為這不會導致對它們的傷害。後面我們將會看到這種假定是幼稚的。

拘禁的傷害

與植物不一樣，動物可以活動和做一些事情。自由的行動至少使它們能夠確保生存的手段。有感知能力的動物在活動的時候能夠體驗到情感，例如快樂和痛苦。假定有感知能力的動物有欲望（正如我在本書其他地方所論證的），那麼我們就可以認為，它們期盼自由活動並做某些事情。此外，如果它們能做它們想做的事情，它們通常就能體驗到快樂或滿足；如果它們不能做它們想做的事情，它們體驗到的通常就是失望或其他不快的情感。因此，自由——即其活動沒有受到外在限制——對有感知能力的動物來說總體上是有益的，這能使它們追求它們所缺乏或需要的東西。自然地，對自由的某些限制符合受限者自身的利益——如有圍欄的兒童床——而其他一些對自由的限制則至少與人們的利益不矛盾，如你鄰居的籬笆對你的自由的輕微限制。

圖5　路邊動物展覽園中的一隻老虎

相反，思考一下我們所說的拘禁。從狹義上看，拘禁指的是對行動的外部限制，這種限制嚴重妨礙了個人追求美好生活的能力。由定義可知，在這種意義上的拘禁是有害的。由於監獄嚴重地妨礙了人們對美好生活的追求，因而坐牢是懲罰的一種方式。拘禁的另一個例子是，強迫一隻猴子單獨生活在狹小而單調的籠子裏。畢竟，猴子喜歡四處閒逛、尋找食物、玩耍，喜歡和其他猴子在一起嬉戲。對活動的嚴重限制不僅常常會導致精神上的痛苦和身體上的不適 —— 如果生活條件是非自然的，並妨礙了動物的正常活動 —— 而且幾乎總是給動物帶來悲傷和其他不愉快的情感體驗。總之，這種外部限制通常引起痛苦。

　　但如果沒有導致痛苦，外部限制還是有害的嗎？回顧一下我們動物園裏的袋鼠，它在那裏生活得很舒適；而在野外生活的話，它的幸福體驗事實上會降低。拘禁是否仍然在某種程度上傷害了它？這個問題的答案取決於對一個未解決的理論問題的回答：行使它們的自然能力或物種特有功能在本質上是否有價值（即是否會產生某些獨立於幸福體驗的福利）。如果回答是肯定的，那麼，前面提到的那隻舒服的袋鼠就因呆在動物園中而遭受了一定程度的傷害，因為動物園限制了它行使其自然本領的能力。總的來說，回到野外對它可能更好，儘管要遭受更多的痛苦。另一方面，如果自由的價值僅僅在於它能提高幸福體驗的程

度，那麼，那隻袋鼠在舒適的拘禁環境中的生活會更好。在沒有解決自由的價值問題之前，我們就不能完整地理解動物的福利，但是，對大多數與拘禁有關的現實情境的討論並不需要等待那個理論問題的解決。嚴重妨礙動物行使其自然能力的那些拘禁，通常都給動物帶來了痛苦，並導致了對動物的明顯傷害。

死亡是一種傷害嗎？

死亡與垂死是有區別的。垂死的個體仍然活着，但通常包含着痛苦，特別是當垂死的過程被延長時。在垂死過程中可能遭受的痛苦是我們對死亡感到恐懼的一個原因。但是，死亡本身卻排除了痛苦以及所有其他體驗。死亡對主體的幸福體驗沒有影響，只是終結了這種體驗。死亡是一種傷害嗎？

我們的常識判斷認為，死亡對人來說通常是一種傷害（至少對於出生之後的人，胎兒還是一個存在爭議的問題）。死亡或許沒有傷害那些已經足足活了95年的人。死亡肯定也不會傷害那些遭受着無法忍受的痛苦、而且沒有任何希望提升其生活質量的人。但一般來說，我們認為死亡傷害了死者；這就是為甚麼謀殺是一種殘忍的罪行的原因。那麼，為甚麼死亡對人是一種傷害？這一問題的答案對動物來說意味着甚麼？

一些哲學家堅信，死亡是一種傷害，因為它妨礙

了一個重要的欲望：即繼續生存的欲望。在正常情況下，他們認為，人們至少在工具性的意義上珍惜他們自己的生命——作為成功地追求更多獨特目的和計劃的必要手段，例如撫養孩子或完成一本著作。許多人還從內在的意義上珍惜他們的生命。無論在哪種意義上，他們都想或渴望繼續生存。

因此，在這種觀點看來，死亡僅僅會傷害那些渴望繼續活下去的個人。這種主張對於動物來說意味深長，因為可能只有非常少的動物(甚至)擁有活着的這種概念，更不用說渴望活下去了。假設一幢房子着火了，一條狗還在屋內。它非常害怕；毫無疑問，它會意識到自己可能很快嚴重受傷或受害。雖然它努力逃跑的行為可能會避免其死亡，但是，要說它擁有關於生命和死亡的概念以及求生的欲望，則是可疑的。因此，在這種觀點看來，這只狗會因為燒傷而體驗到傷害，但不會因為死亡本身而受到傷害。

一個贊成訴諸欲望這一分析途徑的人可能認為，一些缺乏繼續活下去的欲望的個體仍然會受到傷害，如果死亡威脅到他們切實擁有的重要欲望。讓我們設想，一匹狼渴望在它的群體中獲得統治地位。它已經發展了一些重要的盟友，並及時與那些地位更高但比其虛弱的狼展開了幾場搏鬥，逐漸接近狼群的最高地位。如果它在達到這一目標之前就死了，人們可能會認為死亡傷害了它，因為這阻礙了它在狼群中佔統治

地位的欲望，即使它缺乏死亡的概念。對訴諸欲望之觀點的這種創新將極大地擴大受死亡傷害之動物的範圍。但是，它僅僅適用於這樣一些動物：或者(1)它們擁有生命的概念和繼續生存的欲望，或者(2)它們擁有面向未來的規劃。

下面這個例子對所有訴諸欲望來解釋死亡之傷害的觀點構成了挑戰。一個健康的新生嬰兒，有着願意全身心照料她且十分愛她的父母。在出生一周時，她已經毫無疑問地擁有了感知能力，並具有發展出一個正常人所具有的高級認知能力的潛能。但就目前來說，她還沒有計劃或規劃，更不用說生命的概念了。假設由於某個離奇的事故，這個嬰兒在睡眠中無痛苦地死亡了。訴諸欲望的解釋肯定會認為，她並沒有因此而受到傷害。可是，當我們聽到這類故事時，許多人都會認為，這是一個悲劇，不僅僅是對於她家裏那些極度悲傷的成員而言，也是對於這個嬰兒本身而言。死亡傷害了嬰兒，這一論斷要求我們用不同的理論來解釋死亡的傷害。

這種不同的理論(湯姆·雷根、史蒂夫·薩龐提斯以及我都為之辯護的理論)認為，就其摧毀了延續的生命所能夠提供的有價值的機會而言，死亡是一種工具性意義上的傷害。有感知能力的動物能夠擁有有價值的體驗，包括那些能提升幸福感的體驗，如快樂和滿足，也許還有那些與行使自己的自然能力有關的

體驗——取決於人們關於幸福的理論。而死亡會剝奪貓或新生兒本應用來體驗幸福的生活機會，即使它或她沒有任何關於這種機會的意識。因此，根據這種觀點，某種動物不需要擁有複雜的概念能力或面向未來的規劃才會受到死亡的傷害。感知能力本身就足以使一個人擁有有價值的體驗，而死亡會中斷這種體驗。（至於僅僅具備感知能力的潛力是否足以證明死亡是一種危害，這還是一個有待深入探討的充滿爭議的問題，它對關於墮胎的討論很重要。）另一方面，如果一隻動物既沒有求生的欲望也沒有面向未來的規劃，而且它在未來能夠體驗到的主要是消極的、充滿痛苦的體驗，那麼，目前這種理論就會否認死亡會傷害這只動物。

現在讓我們回想一下雷切爾的例子，她在其新住所發現了一隻老鼠。在瞭解了關於死亡的上述兩種觀點後，她進行了如下推論：「訴諸欲望的觀點認為，無痛苦的死亡不會傷害到老鼠。而訴諸機會的觀點則持相反的看法：如果把它放到荒野，這隻老鼠可以獲得老鼠的生活中存在的各類機會。而死亡會毀滅這些機會。」訴諸機會的觀點使得雷切爾的這一判斷是正確的：人道的捕鼠器雖然可能使它遭受一些痛苦但卻保存了它的生命，因此是一種很值得考慮的方法。那麼，最後她是否會使用人道的捕鼠器，將取決於下面這個也許更具爭議的判斷：與捕鼠器的使用給它帶來的痛苦——一些恐懼、挫敗和可能的悲傷——相比，

老鼠的夭折可能是一個更大的傷害。但是，雷切爾十分肯定，死亡構成了一種傷害。

她進一步想，假設一輛車撞傷了她的小狗，並軋斷了它的腿。雷切爾可以有兩種選擇，要麼讓她的狗在麻醉中無痛苦地死去，要麼給狗的腿打上石膏，這樣還有完全康復的機會。第二種選擇方案意味着狗要經受很多疼痛、挫折、或許還有恐懼，因為它的腿要打上大概一個月的石膏。但是，雷切爾憑直覺認為，如果這條狗被無痛苦地殺死了，那麼，不僅她，還有她的狗都會失去某些東西。她推論説，如果我們假設死亡帶來的傷害就是它毀滅了未來的機會，那麼這種以及類似的判斷就顯得更為合理。

物種間的傷害是否有可比性？

和人類一樣，動物也會受到傷害。它們明顯地會由於痛苦而受到傷害。它們也會被拘禁所傷害 —— 對其自由的限制大大妨礙了它們正常生活的能力。嚴重干擾物種基本功能發揮的對自由的限制是否應該被視為這種意義上的拘禁，因而是有害的(即使沒有導致痛苦的結果)，這仍是一個有爭議的問題。哪類動物會被死亡所傷害也是有爭議的：僅僅包括那些有求生欲望的動物，還是包括有未來規劃的動物，抑或所有有感知能力的動物？前文的討論支持更具包容性的觀點，

但問題還是沒有得到解決。無論是哪種觀點，就我們已經思考過的關於傷害的主要形式來說，一個問題都會出現。如果一個人和一隻動物受到一種特定形式的傷害，我們應該認為他/它們各自的傷害在重要性上是類似的(大致相同)還是大不相同的？正如我們將看到的，這個問題的答案對於理解我們對動物的道德責任是重要的。

由於痛苦從根本上說是體驗性的傷害，所以我們有理由認為，如果一個人和一隻動物體驗到了大致相等的痛苦──儘管在特定情況下很難衡量──那麼他們受到的傷害就是類似的。當然，痛苦在工具性的意義上也是有害的，因為它妨礙了個體對目標的追求。而且，由於毀滅了對目標的追求，痛苦還會產生更進一步的傷害──這一點在人和動物身上都同樣適用。更重要的是，如果物種的特有功能具有獨立於幸福體驗的價值，那麼我們就必須認識到，對所有的動物來說，痛苦都會限制這些功能的發揮。總的來看，我們有充分的理由認為，一定量的痛苦應該算作一種可比較的傷害，不論受傷害的是哪類動物。

拘禁帶來的傷害在物種間是可比較的嗎？如果我們是從這種拘禁所帶來的痛苦的角度來理解傷害，那麼，答案就是肯定的，因為我們已經發現，痛苦帶來的傷害是可比較的。但是，如果對自由的限制妨礙了物種特有功能的發揮──即使它沒有導致痛苦──那

麼拘禁就包含了一種獨特的傷害形式。雖然這一點適用於所有有感知能力的動物，但是，認為拘禁對動物的傷害程度是不同的這一觀點卻是可以得到證明的，不過這種複雜性在討論死亡的傷害時得到了最好的解釋（我們將馬上轉向這一問題）。

正如我們之前所提到的，一些人認為繼續生存具有其內在的價值，所以把死亡看作是一種內在的傷害。這些論證是否正確還有很大爭議。然而，一般說來，所有人都同意，對人來說死亡在工具性的意義上是有害的。因此，讓我們重點關注死亡在工具性意義上的傷害。這種傷害在物種間是可比較的嗎？

許多哲學家，包括動物權利的一些主要捍衛者，對這一問題的回答是否定的。那些贊成從訴諸欲望的角度來理解死亡帶來的傷害的人認為，由於大多數有感知能力的動物沒有對生命的欲望——或者如改進過的觀點所認為的那樣，沒有面向未來的生活規劃——因而死亡根本不會傷害到這些動物。所以，很明顯，死亡對它們的傷害較之於對正常人和任何符合相關標準的動物的傷害都要小。那些贊成訴諸機會的觀點的人則認為，雖然死亡剝奪了所有有感知能力的存在物可獲得的機會，但是與那些生活較為簡單的動物（包括大多數或所有的動物）相比，可獲得的機會對人更有價值。（為了支持這一論點，一些哲學家訴諸人類所謂的在獲取愉悅感和滿足感方面的優越能力；其他人則訴

諸人類所謂的更有價值的行為特徵和功能類型。)類似地，猴子可獲得的機會較之於貓而言更豐富，而貓可獲得的機會較之於海鷗而言又更多，等等。這種比較是基於物種在認知、情感和社會複雜性等方面的不同。總之，對於個體的生活而言，生存的價值因物種不同而有差異，所以死亡所帶來的傷害的嚴重程度也相應地各不相同。

　　要對這些有關比較價值的問題進行深入探討，將要求我們系統地研究那些尚未得到解決的理論難題(我在其他地方已經分析過)。在這些問題上，人們尚未達成任何重要的共識。然而，幾乎所有的評論家，包括我自己，可能都會接受這樣一種謹慎的主張：一般說來，與大量有感知能力的動物(至少包括那些比哺乳動物「更低級」的動物)相比，死亡對人的傷害是更大的。同樣，人們可以認為，拘禁妨礙了具有更大價值的活動和功能，或者剝奪了具有更大價值的愉悅和滿足，而與某些動物相比，拘禁更容易剝奪人的這類愉悅和滿足，因此，拘禁對人的傷害比對動物要大。然而，我們應該記住，對自由的嚴重剝奪幾乎總會導致痛苦——一種對所有物種都類似的傷害。(從理論上講，如果僅從工具性的角度來考慮痛苦，人們也會得出類似的觀點：痛苦所威脅到的功能的形式或滿足感的來源，因物種不同而有差異。但是，我將忽略這一點，因為痛苦主要是一種體驗性的傷害。)

圖6　一間飼養肉雞的雞舍

結論

　　我們的討論得出了一些結論。第一，一定量的痛苦是一種可比較的傷害，不管誰是受害者。第二，如果在人和某些動物 —— 至少是那些比哺乳動物「低級」的動物 —— 之間進行比較，那麼，死亡不是一種可比較的傷害。正常情況下，死亡對人的傷害更大。第三，就其會導致一定量的痛苦而言，拘禁在不同物種間是一種可比較的傷害；但是在人和某些動物之間，就其妨礙有價值的活動或獲取滿足感的可能性而言，拘禁所帶來的傷害又是不可比較的。現在讓我們重新審視第二章所概括的倫理框架，簡要地討論一下潛在的倫理分歧。

　　如果一個人贊同平等考慮的框架，他會認為，對於人類和動物的類似利益，我們必須給予同等的道德考慮。這樣，平等考慮意味着，就像給人帶來痛苦的行為在道德上是有問題的一樣，給動物帶來痛苦的行為在道德上也是有問題的。正如我們將在後面的章節中見到的那樣，許多使用動物的機構明顯地不符合這個標準。另一方面，下述觀點與平等考慮是不矛盾的：反對殺害人的道德假定比反對殺害動物的道德假定要堅實一些。(這一論點得到了其他觀點的進一步支持，包括這一觀點：如果人們熱愛的某個人死了，那麼，他們所體驗到的情感傷害通常都更大。)並且，就

這些動物而言，反對拘禁它們的道德假定在某種程度上也比反對拘禁人的道德假定要薄弱一些。

與平等考慮不同，不平等主義者對可比較和不可比較的傷害這一微妙話題所給予的關注較少。不平等主義者斷言，總體上人類的利益較之動物的利益在道德上更重要。而且，一般說來，動物在認知、情感和社會性方面越複雜，其利益在道德上就越重要；這證明了物種間不平等考慮的等級模型或區別對待的合理性。認為(比如說)死亡帶來的傷害在物種間不可比較的觀點使得不平等主義者斷定：就許多動物來說，幾乎不存在可以用來反對無痛苦地殺死它們(比方說，在生物醫學的研究中)的理由。也許更重要的是，不平等主義者否認，給青蛙、畫眉鳥、老鼠和人帶來痛苦的行為在道德上都是同樣有問題的——即使我們永遠也不應隨便給它/他們帶來痛苦。

我們已經探討了動物的道德地位、它們的精神生活以及它們可能會受到傷害的主要方式，現在讓我們轉到有關人類使用動物的實踐倫理問題上來。

第五章
吃葷

　　母雞X在一個擁擠不堪的孵卵器中開始了它的生活。隨後它被關入一個全部由鐵絲製成的「層架式」雞籠中，這與符合母雞本性的戶外環境非常不同，而它將在這裏度過它的一生。（由於沒有商業價值，雄性小雞都被毒死、碾碎或悶死。）母雞X的籠子極其狹窄，以致它無法舒展羽翼。雖然它的嘴對於進食、探尋和修整羽毛來說非常重要，但卻被切掉了一部分（並且是穿過敏感組織），目的是為了防止它啄籠中其他的夥伴而導致的危害（雞籠中的雞互啄對方的行為源於過份擁擠）。產蛋前數小時內，母雞X都在雞群中焦慮地踱步，本能地搜尋着一個它無法找到的小巢。產蛋時，它只能站在傾斜的、不舒適的鐵絲籠底，這是為了防止其本能的行為，如啄食、沙浴和啄破雞蛋。缺乏鍛煉、不自然的環境以及要求極高的生產率（它一年要產250個蛋）導致它骨頭脆弱。（與許多母雞不同，母雞X沒有經歷強制換羽期；在強制換羽期，母雞會在一至三天裏沒有水喝，而且近兩個星期得不到食物，以此來延長產蛋週期。）在兩歲時它的功能已耗盡，於

是被塞入一個板條箱，裝上卡車——沒有食物、水或對惡劣天氣的防護——運往屠宰場。這種粗暴的裝運方式導致母雞的一些脆弱骨頭開始折斷。到達指定地點後，母雞X被倒掛在一個傳送帶上等待一把自動刀片割斷它的喉管。因為美國的《人道屠宰法》並不適用於家禽，所以在整個過程中它完全有知覺。它的身體在存活時期已被嚴重損害，因而在死後只適合於做雞肉餡餅、雞肉湯等等。

公豬Y四周大時斷奶，被關在一個非常擁擠的、多層的飼養欄中。由於通風設備簡陋，它呼吸的空氣中有着濃烈的屎尿味。在體重達到50磅後，它被關進一個狹小的「催肥」畜圈中。這個畜圈是用板條做的，混凝土的地面並沒有鋪墊任何草墊，也沒有任何娛樂物件。儘管豬是有着較高級智力和社會性的物種，但豬Y與其他的豬被鐵制的柵欄隔離開，除了起身、躺下、吃和睡之外別無他事。它有時咬鄰近板條箱中其他豬的尾巴來娛樂自己——直到所有豬的尾巴被「截短」（切斷）。這些程序和閹割都是在沒有麻醉的情況下實施的。當它被決定屠宰時，豬Y被粗暴地趕入一輛卡車，與其他30頭豬擠在一起。兩天的旅行對豬Y來說並不愉快，它與其他豬相互爭鬥，無法進食、飲水、休息，也沒有避暑的措施。在屠宰場，豬Y聞到了血腥味並抗拒裝卸者的刺戳。但他們用一根鋼管從後面反復地驅趕和敲打它，直到它被困在傳送

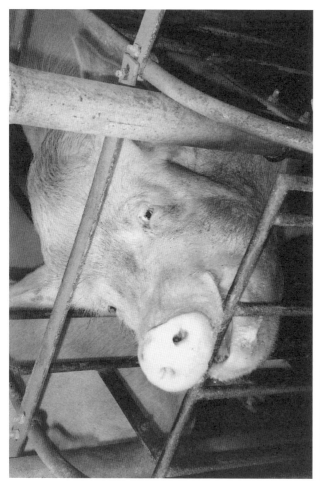

圖7　咬著柵欄的一頭豬

帶上並送到擊昏器前。豬Y是很幸運的，因為它被電流擊昏的過程很成功，在它的身體被澆上沸水和分割肢解之前它已經被殺死。(儘管《人道屠宰法》要求，除家禽外的動物在它們被鉤住、倒掛吊起和切割之前，要對它們實施電擊，使其失去知覺，但許多屠宰場的僱員説，違反這些規定是常有的事。由於擔心高壓電可能導致它們體內「熱血飛濺」，許多屠宰場的監察人員明顯鼓勵使用低得多的電壓，以致無法保證它們沒有知覺。此外，在許多屠宰場，電擊人員每隔幾秒鐘就要用電流擊昏動物，他們面臨極大的壓力，無法確保電流能擊昏生產線上的每一隻動物。)

儘管母牛和它們的小牛相依為命是自然而然的事，但母牛Z在出生之後不久就被從母親身邊帶走(那時它還是小牛)，開始了它作為奶牛的生涯。母牛Z從沒喝過初乳 —— 它母親的乳汁(母乳有助於小牛抵抗疾病)。它生活在一個非常擁擠的、沒有青草的「家畜圍場」中，它的尾巴在沒有麻醉的情況下被切除。為了產出多於正常狀況20倍的牛奶，它被迫吃很多的穀物 —— 而不是有利於母牛消化的富含纖維質的粗飼料 —— 這使得它的新陳代謝紊亂並導致痛苦的跛足殘疾。和許多母牛一樣，儘管在非哺乳期服用了抗生素，但它還是經常患乳腺炎，這是一種痛苦不堪的乳腺發炎。為了保證持續的牛奶產量，母牛Z被迫每年產一頭小牛。為了加速它的生長和生產力，它每天被注射牛

生長激素。它的自然壽命是20年或更長，但在四歲時它已不再能維持產奶水平，它的能量已被「耗盡」。在運輸和裝卸的過程中，母牛Z是幸運的：雖然被剝奪了食物、水和超過兩天的休息，還伴隨着被刺戳的恐懼，但它沒有被毒打；在屠宰場，它的本能(不同於豬)使它能夠在由單根木條做成的斜槽上輕鬆行走。不幸的是，那個缺乏訓練的電擊師傅不太會操作氣動擊昏槍。雖然他電擊了母牛Z四次，它還是一次次站立起來並不停地咆哮。然而，這個過程並沒有就此結束，它被倒掛起來遞送到「屠夫」面前，他切斷它的喉管並把血放盡。它在流血及被肢解和剝皮的部分過程中還保留着知覺。(聯邦監察員所站的地方使他看不到所發生的事情；另外，他應接不暇地檢查眼前飛馳而過的動物屍體，只想發現某些明顯的污染痕跡。)母牛Z的身體將被用於牛肉加工食品或牛肉漢堡。

工廠化農場的設立

上面描述的動物生活是動物在現代工廠化農場中的典型生活。在美國、英國和其他大多數工業化國家，這些工廠為我們提供了大多數的肉製品和乳製品。自從第二次世界大戰後，工廠化農場 —— 它們在非常有限的空間裏飼養盡可能多的動物，以達到利潤最大化的目的 —— 迫使美國300萬家庭農場破產；與

此同時，英國和其他國家的農業部門也見證了類似的轉變。科學的發展刺激了工廠化農場的興起；這類科學發展包括：動物所需的維生素D的人為供應（否則動物自身合成維生素D需要陽光）、減少某些疾病蔓延的抗生素的成功發明，以及提高產品品質的先進的基因選擇方法。由於創立這種機構的動力是經濟效率，所以工廠化農場僅僅把動物作為實現經濟效率這一目的的手段來對待，即當作沒有獨立的道德重要性或任何道德地位的純粹物體來對待。

就受傷害動物的數量及其受傷害的程度而言，工廠化農場對動物的傷害較人類的任何其他機構或活動都大。僅在美國，這種機構每年就殺死1億多隻哺乳動物和50多億隻家禽。美國農場的動物實際上沒有得到合法的保護。最重要的聯邦法就是《人道屠宰法》，但它並沒有覆蓋到家禽——我們所消費的動物中的大多數——而且也不涉及動物的生活環境、運輸或裝卸過程。更重要的是，正如蓋爾·艾斯尼茨（Gail Eisnitz）和其他人已經廣泛引證過的，這項法案很少被實施。很顯然，美國農業部支持農業企業的主要目標：沒有障礙地實現利潤的絕對最大化。這種現象並不奇怪，因為自從20世紀80年代以來，美國農業部的大多數高級官員要麼本人擔任過農業企業的領導，要麼與這一產業有着政治上和財政上的緊密聯繫。

相反，一些歐洲國家對類似美國工廠化農場中的

那類極端做法加以了限制。例如，英國禁止使用板條小牛欄，並規定，在運輸過程中，不給動物提供食物和水的時間不得超過15小時。歐共體和歐洲委員會制定了農場動物的福利標準，並在不同的成員國中把這些標準轉化成了法律。與美國農場動物的狀況相比，這些標準通常提供了更多的空間和更大的自由，以確保符合動物本性的行為得到實現，同時提供的還有更人道的生活環境。儘管如此，歐洲的大多數畜牧業仍然是高度集約化的，足以冠以「工廠化農場」這一名稱。

到目前為止，我們的討論主要是通過三個例子描述了工廠化農場的基本狀況。有人可能會反對說，母雞X、豬Y和母牛Z的處境並不代表所有工廠化農場的普遍特徵。這種反對意見無疑是正確的。但是，有證據表明，這三種動物所遭受的痛苦是普遍存在的，至少在美國是如此。雖然在此全面地描述工廠化農場是不可能的，但增加對其他種類的農場動物的一些說明，也許是有幫助的。下面的概括意在描述美國的狀況，但有些概括實際上也描述了其他許多國家動物的遭遇。

作為肉牛飼養的牛的處境通常都比這裏描述的其他動物的處境要好。許多牛有機會在圈外自由活動大約六個月。之後，它們被長途運送到飼養場，在那裏它們被餵養穀物而不是草。使它們遭受痛苦或悲傷的主要因素是：持續不斷的風吹雨打、用烙鐵打烙印、

去角、未經麻醉的閹割、為身份鑒別而割耳，以及枯燥的、一成不變的生活環境。當然，我們還可以加上被運送到屠宰場的過程中以及在屠宰場裏所遭受的傷害。

肉雞在封閉的雞圈中度過一生；由於數十萬隻雞以超常規的速度生長，雞圈變得越來越擁擠。除了極度擁擠之外，它們遭受的主要傷害還包括：同類相殘、因恐慌而相互踩踏所導致的窒息、切除嘴尖，以及因堆積的糞便和簡陋的通風設備而導致的非常不健康的呼吸環境。

食用牛犢被剝奪的生活福利在許多方面與豬相似。那些用配方食物餵養的食用牛犢尤其如此；它們單獨生活在用木條板做成的牛圈中，這種牛圈非常狹窄，以致牛犢無法轉身或以自然的姿勢睡覺。牛犢得不到水和固體食物，而是飲用一種缺鐵的代乳品——以便給美食家們提供盡可能白嫩的牛肉；這使小牛患了貧血症。這種飲食和單獨拘禁極大地損害了小牛的健康，導致了小牛的神經質行為。

現在讓我們來概覽一下全景：工廠化農場通常給動物造成痛苦、拘禁和死亡這類嚴重的傷害。就痛苦——或一般的體驗性傷害——而言，所有的證據都表明，工廠化農場的動物在它們的一生中明顯地體驗到了大量的痛苦、不適、無聊、恐懼、焦慮和其他可能的不愉快情感。（見第三章關於動物的精神生活的討論。）此外，工廠化農場的性質決定了，它對動物的拘

禁完全符合我們對這一術語約定俗成的理解，也就是說，工廠化農場給動物的行為自由施加了嚴重影響其生活質量的外在限制。(只有那些作為肉牛特殊餵養的牛不是在這種意義上被拘禁的，至少在它們生命中的部分時間裏是如此。)而且，工廠化農場最終會殺死這些作為肉食飼養的動物，從而給它們增添了死亡的傷害(假設如我們在第四章所論證的，死亡傷害了母牛、豬和小雞這類動物)。當然，只有當我們認為這些動物的生命本來可以得到人道的對待時，死亡才能被視為一種傷害。考慮到它們目前所獲得的對待方式，死亡似乎還可被看作是一件幸福的事(肉牛或許除外)。總之，工廠化農場給動物帶來了巨大的傷害這一基本結論是毋庸置疑的。

道德評價

在對工廠化農場的道德評價方面，如果第一個重要的洞見是它們導致了對動物的嚴重傷害，那麼第二個重要的洞見就是：消費者不需要工廠化農場的產品。我們無法合理地認為，給這類動物帶來的所有傷害都是必要的。除了非常特殊的情況外 —— 例如，人們面臨饑餓且別無選擇 —— 我們一般都不是必須靠吃肉食才能生存甚或保持健康。吃葷的主要好處對於消費者來說是愉悅，因為許多人特別喜歡肉的味道，以

及方便，因為要調整到接受或保持素食食譜需要一些努力。把上述兩個重要的洞見結合起來，我們就會得出這樣的結論：工廠化農場給動物帶來了不必要的嚴重傷害。因為導致大量不必要的傷害無論如何都是一種錯誤，所以得出下一論斷似乎是必然的：工廠化農場是一種無法得到合理辯護的機構。

注意，對工廠化農場的這種譴責並不是依賴於動物應獲得平等考慮這一有爭議的假定。即使人們只接受關於道德地位的區別對待模型（它證明給動物較少的考慮是合理的），也無法為給動物帶來不必要的嚴重傷害的做法進行辯護。這表明，如果一個人非常認真地對待動物，把它們看作是至少擁有某種道德地位的存在物，那麼他就會認為工廠化農場是無法得到辯護的。

那麼，消費者是否有錯呢？消費者並沒有傷害動物，而只是食用了工廠化農場的產品。那好，讓我們想像一下，某個人這樣說：「我自己並沒有把狗踢死，我只是花錢請人把它踢死了。」我們會認為這個人做了錯誤的事情，因為他鼓勵和慫恿了殘酷的行為。類似地，吃葷的人可能通常都感到，肉製品的生產離自己很遙遠，或許他們甚至從未想過工廠化農場和屠宰場發生的事情；儘管如此，因為他們購買了工廠化農場生產的肉製品，這就直接鼓勵了相關的殘忍行為並使得這類行為成為可能。所以消費者也是負有重大責任的。總之，下面的道德原則（雖然有些模糊）

是站得住腳的：盡最大的努力，不給那些使動物遭受嚴重的不必要傷害的機構提供經濟上的支持。

我認為，購買工廠化農場肉製品的行為從經濟上支持了大量不必要的傷害，違反了這個原則，因而在道德上是無法獲得辯護的。有趣的是，我們得出這個重要結論並不依賴於任何特定的倫理學理論（如功利主義或強式動物權利論）。無論如何，到目前為止，我們主要是基於動物福利的考慮而反對工廠化農場並抵制其產品，但是，我們的論證還可通過對人類福利的考慮而得到進一步的加強。這如何證明呢？

第一，動物產品具有高脂肪、高蛋白並包含膽固醇，與心臟病、肥胖、中風病、骨質疏鬆症、糖尿病和某些癌症具有較強的關聯性。醫學專家現在都建議，與（例如）大多數美國人的飲食相比，人們應少吃肉而多吃穀物、水果和蔬菜。第二，自二戰以來，美國工廠化農場已經導致300萬個家庭農場破產，因為每年享有數十億美元政府補貼的大型農業綜合企業越來越佔統治地位。雖然美國消費者經常聽說，工廠化農場的肉製品的銷售價格更低，但是，很少有人向他們提起幕後的稅收補貼代價。在英國和其他許多國家，佔有類似統治地位、使許多更小的農場破產的大型農業綜合企業則相對較少。第三，工廠化農場正破壞着環境。它過度地消耗能源、土地和水，導致表層土壤的侵蝕、野生動物棲息地的破壞和森林的濫砍濫伐；

它對肥料、農藥和其他化學製品的使用還導致了水污染。第四，工廠化農場對人類食品的分配產生了不利的影響。例如，它需要消耗含八磅蛋白質的豬飼料才能生產出一磅供人食用的豬肉，需要消耗含21磅蛋白質的牛飼料才能生產出一磅牛肉。結果，(例如)美國生產的大多數穀物都被拿去飼養家畜。不幸的是，富裕國家對肉製品的需求，使得植物蛋白的價格對最貧窮國家的普通大眾來說過於昂貴。貧窮國家常常放棄可持續發展的農業實踐，去生產能出口套現的農產品和肉製品，但這種以大量土壤受侵蝕為代價換來的利潤是短暫的，結果會導致這些國家的貧困和營養不良。事實上，如果合理使用的話，人類很容易獲得足夠的植物蛋白質來養育地球上的每一個人。第五，也許特別是在美國，工廠化農場對它的僱員來說是殘忍的。它要求他們承受高強度的工作壓力。例如，一個工人每分鐘要切剁90隻雞，他因擔心錯過流水線上的雞而站在流水線旁小便。它還使農場工人遭受美國工人所遭受的一些最嚴重的健康危害(例如皮膚病、呼吸問題、手臂致殘、胳膊受傷，以及被發狂的、未得到恰當電擊的動物弄傷)，而這一切所換來的只是很低的報酬。第六，從20世紀80年代開始，美國放鬆對肉製品工業的管制，生產流水線也變得更加快速；這兩種因素使得保證肉製品的安全幾乎不可能。

正如亨利·斯皮拉(Henry Spira)(見辛格書中談及

斯皮拉的部分)指出的那樣,據估計,被污染的雞肉每年導致2,000美國人死亡。

所以,由於能夠獲得基於人類福利之考慮的進一步支持,抵制工廠化農場產品的理由是非常有力的。但是,我們不應忽視下面這個重要的反對意見。人們可能認為,繼續保持工廠化農場從經濟上講是必要的。假如通過成功抵制,這個行業破了產,這不僅對農業企業的所有者來說明顯是一個災難,而且也會減少許多工作崗位,並有可能損害地方經濟。這種觀點進而指出,此種結果是不能接受的。因此,正如工廠化農場是必要的那樣,給動物造成嚴重傷害也是不可避免的。這種觀點與我指責嚴重不必要傷害的觀點正好相反。

在回應上述反對意見時,我們或許可以同意假設的可能後果為事實,但同時批駁廢除工廠化農場是不可接受的這一主張。首先,正如彼得·辛格所指出的,終止工廠化農場的負面代價只需要我們承擔一次,而永遠保持這種機構則使動物永無止境地承擔這種代價。其次,考慮到工廠化農場的僱員如此糟糕的待遇,很難相信,他們不得不尋找其他工作能算得上是甚麼嚴重的傷害,正如無數「被耗盡」的僱員所做的那樣。再次,如果這個行業被取消(假設不是簡單地被更少集約化的畜牧業所取代,因為更少集約化的畜牧業還會使一些問題存留下來),由工廠化農場所引發

的對人類福利的多種威脅——健康的危險、環境的破壞、低效率以及不合理的穀物蛋白質分配，等等——通常都可以得到避免。避免這些不是一次性的而是無止境的危險和傷害，似乎可以彌補任何短期的經濟損害。最後，我提出，在追求利潤或就業時，我們對其他人的所作所為存在着道德底線，而在追求這些目標時使有感知能力的生物遭受嚴重傷害的行為則越過了這些底線。(強制賣淫、逼迫他人進入色情行業或奴隸制度都是違反此類底線的生動例證。)如果這種觀點是對的，那麼就不能認為工廠化農場是必要的了。總之，我認為把這些反駁結合在一起，就能削弱從經濟必要性角度對工廠化農場所進行的辯護。

傳統家庭農場

本章前面關注的是工廠化農場，因為這是我們消費的大多數動物產品的來源。但是，人們也食用通過其他方式飼養的動物，包括傳統家庭農場。

由於家庭農場採用的是集約化程度較低的飼養方式，所以，它們給動物造成的傷害較之工廠化農場要少得多。家庭農場可能並不拘禁動物，即限制它們的活動，從而嚴重干擾它們的生活狀況。但是，如果訴諸機會的論點對死亡之傷害的解釋是正確的(見第四章)，那麼，家庭農場的動物也無法完全不受傷

害，因為它們最終還是會被殺死，這意味着要承受死亡的傷害。

　家庭農場與它的主要競爭對手工廠化農場相比，有着更有力的辯詞，因為它對動物產生的傷害要少得多，而且，至少避免了工廠化農場對人類福利的一些威脅，例如，水污染、極度惡劣的工作條件等。不過，我們還是有很強的道德理由來反對家庭農場並且抵制其產品。一方面，這種機構確實通過某些方式給動物帶來了一些嚴重的痛苦：給牛打烙印、去角；閹割牛和豬；把幼崽與其母親分開(這種分離甚至會給家禽帶來悲傷)；以及在運輸、裝卸和屠宰過程中粗暴地對待動物等。此外，所有的動物都會被殺死。由於吃葷是不必要的(異常情況除外)，因而這些傷害也是不必要的。給動物帶來不必要傷害的這種日常行為很難獲得辯護。

　然而，一些可能的反對意見或許會進一步支持某些形式的家庭農場。例如，雞和火雞可能不會遭受剛才描述的大多數傷害。如果一隻雞或火雞能夠過一種愉快的生活(比方説，擁有完整的家庭，從來沒有被虐待過)，那麼，唯一相關的傷害就是死亡。然而，贊成用訴諸欲望的觀點來解釋死亡之傷害(儘管我在第四章批駁過這種觀點)的人可能會否認家禽會遭受這種傷害；這意味着，生活在舒適環境中的家禽根本沒有受到傷害。

另一方面，如果一個人（不同於筆者）接受道德地位的區別對待模型，那麼，他就會依據不同動物在認知、情感和社會性方面的複雜程度，給予它們的利益——包括避免痛苦的利益——以不同的道德考慮。這種倫理模型的擁護者可能會為這樣一些家庭農場——它們把公認的不必要的痛苦降到了最低限度——進行辯護。他可能認為，導致最低限度的不必要傷害，甚至對於哺乳動物而言，並非總是不對的，特別是如果這樣做能夠獲得解決農民就業這樣的一些重大好處。然而，在評估這種理據的合理性時，人們需要再次考慮這種做法對人類福利的消極影響，例如對穀物蛋白質的非常低效的使用。

海產食品

我們所消費的許多肉製品都來源於海洋。先來看看魚類和頭足類動物（章魚和烏賊）。我們第三章已得出結論說，這些動物是有感知能力的，會感受到疼痛和悲傷；至於它們能否體驗到特定意義上的痛苦（即某種與一定程度的疼痛和悲傷聯繫在一起的非常不愉快的情感狀態），我們持一種開放的態度。現在，人們在抓捕魚類和頭足類動物時需要先鉤住或網住它們，然後使它們窒息而死。很明顯，它們在這個過程中體驗到了不愉快的情感。雖然傳統的捕魚方法不涉

及拘禁——因為這些動物在它們的自然環境中是自由的——但死亡顯然是不可避免的。如果基於機會來解釋死亡的傷害，那麼，死亡在某種程度上傷害了這類動物，但如果基於欲望來解釋死亡的傷害，那麼，死亡就沒有傷害這類動物。

人們可以找到幾個理由來支持魚類和頭足類動物只受到了最低限度傷害的觀點：宣稱它們所遭受的痛苦是非常短暫的；全然否認它們遭受了痛苦；斷言死亡對它們的傷害可以忽略不計。這樣一來，人們就可以認為，它們所遭受的這種最低限度的傷害能夠被人們所獲得的某些好處所抵消，如它可以帶來快樂、便利、健康的飲食，以及漁民的就業。(然而，相信動物擁有最強的、超功利意義上的權利的人[見第二章]會反對這種推理。)自然地，道德地位之區別對待模型的擁護者會認為，海產品的生產和消費行為是很容易辯護的，因為魚類和頭足類動物在道德階梯中處於相對較低的位置。

存在於我們的分析中的一個複雜因素是，今天，很多魚都是在漁場中飼養的。它們的生存環境是如此擁擠，不僅與拘禁相差無幾，還增加了魚類生活的不愉快。如果魚是以這種方式被飼養的，那麼，抵制購買這些產品的理由就變得更為有力。

頭足類動物之外的龍蝦、蟹、小蝦和其他非脊椎動物又如何呢？目前尚無可靠證據證明，它們擁有感

知能力。如果它們沒有感知能力，我們的行為就不會傷害到它們。基於這種不確定性，在我們是否應該假定它們擁有感知能力、從而不能傷害它們的觀點上，人們也許有理由持不同的態度。

在思考海產品的食用問題時，絕不能忽視我們給那些未被我們食用的動物所帶來的傷害。例如，假設你從一個其漁網經常網住並殺死海豚的公司那裏購買金槍魚(而我們知道，海豚在認知、情感和社會性方面的複雜性可以與類人猿相媲美)。該公司在捕撈金槍魚的過程中給海豚造成了傷害；這種傷害使得你從該公司購買金槍魚的行為恰如你從工廠化農場購買肉產品的行為一樣，變成了一個嚴重的道德問題。

第六章
收養寵物和動物園的動物[1]

　　一條五歲的金毛獵犬珍妮過着舒適的生活。它吃得很好，能獲得必要的獸醫保健，也沒有受到虐待。但它生命中的大部分時間都是在無聊和孤獨中度過的。它每天享有兩次拴着皮帶的散步時間，每次15分鐘。它所居住的房子有一個很大的後院，但沒有用柵欄圍住，所以它只有在散步時才能到戶外去。這個家庭的主人白天在外上班，他們唯一的孩子對珍妮有着深厚的感情，但也只是偶爾與珍妮玩耍，大多數時間珍妮都只能獨自呆着。

　　兩隻獅子，利奧和利昂娜，是某動物園展館中唯一的兩個住戶。它們出生在兩個不同的動物園中，自從斷奶後就與它們的母親分開了，是現在的這個動物園把它們倆關到了一起。在這裏，它們彼此逐漸熟悉。利奧和利昂娜在面積中等的展館中生活得很舒適；展館的大部分都位於戶外。它們吃得很好並得到

1　本章標題為 keeping pets and zoo animals。我們把 keep 一詞暫譯為「收養」，但希望讀者記住，作者在本章中使用的 keep 一詞同時還包含持有、擁有、佔有、扣留、關押等含義。——譯注

獸醫周到的照料。但它們感到厭倦並無精打采，也很少相互交流。與大部分時間花在獵取食物上的野生獅子相比，利奧和利昂娜從來不用獵取食物，或以其他的方式充分使用它們的官能、肌肉或智力。它們也很少玩耍。

兩種情景都是由於人為的干預而使動物活動的自主性或自由受到了限制。限制動物的自由到底是不是正當的？如果是，在甚麼情況下是正當的？拘禁是否必然會傷害動物，或是否是對它們的不尊重？本章將對這些問題以及相關的一些問題進行探討。

收養動物的條件

在我看來，動物的餵養者和看護者必須滿足兩個條件，才能證明他們收養特定動物的行為是合理的。第一，動物基本的生理和心理需要必須得到滿足。滿足基本需要的這一要求，可以通過訴諸動物擁有道德地位的假設（在第二章已證明過）來證明。它還可從下述觀點得到進一步的支持：在收養寵物和動物園的動物時，人們就承擔了關心動物福利的責任。因此，某人讓他的貓挨餓的行為，不能因為他沒有主動傷害貓就可以不受譴責；他作為照料者這一角色與他的貓之間所形成的特殊關係，決定了他對他的貓負有特殊的積極義務。

第二，給這種動物提供的生活至少要同它在野外可能獲得的生活一樣好。給動物提供大致相同生活的要求，可用如下觀點論證：我們不應該使寵物或動物園的動物生活得更糟，因為，使它們生活得更糟將構成不必要的傷害。

　　但有人可能問，收養動物有時不是必要的嗎？比方說，為了保護一個物種，或者為盲人提供導盲犬？如果這是必要的，那麼在這種情況下收養行為給動物所帶來的傷害也是必要的。但是，我們必須根據具體案例來審視關於必要性的這種主張。「必要性」通常與某些目標有關，如物種的保護；在判斷因追求某個目標而給某人造成的傷害是否合理之前，我們需要首先對該目標的重要性進行評估。（強式動物權利論原則上反對在未經某個體同意的情況下，為了促進其他個體的利益而傷害該個體。）如果傷害某個動物的特殊案例——比方說嚴格訓練一條狗來幫助盲人——給人造成的印象是，這種傷害是明顯必要的，那麼，這可能是因為，人們潛在地假定了：動物的道德地位低下，因而它們被用來滿足人的需要是正當的。

　　無論如何，人們還可通過另一種方式來為要求給動物提供大致相同生活的主張提供辯護。如果我們知道一個孩子在一個收養家庭將過得更糟糕——孤兒院是善意的，而這對收養夫婦卻非常喜歡虐待人，在這種情況下仍然允許這個家庭收養孩子肯定是錯誤的。

平等考慮的觀點要求我們把同樣的標準應用於動物：不能使寵物或動物園的動物生活得更糟。自然地，那些反對平等考慮而贊成區別對待的人不會接受關於給動物提供大致相同生活的第二個論證。而對於基於對不必要傷害的譴責的第一個論證，反對平等考慮的人可能要麼極大地擴展屬「必要」傷害案例的範圍，要麼挑戰不必要地傷害動物總是錯誤的這種觀點。因此，區別對待模型的擁護者可能只接受基本需要這一要求，而把提供大致相同生活的要求視為一種道德理想 ⸺ 它的實現取決於人們的自主選擇。

如果我關於上述兩個要求的主張是正確的，那麼，它們是如何相互聯繫的呢？當其中一個要求放寬鬆時，另一個要求就收緊了道德的繩索。如果你的寵物狗（由於走失）在野外的生活確實會很淒慘，那麼，在未能滿足它的某些需要（例如，適當的刺激、鍛煉以及與其他狗的聯繫）的情況下，你或許能夠滿足提供大致相同生活的要求。但是，滿足基本需要的要求不允許這種忽視。如果動物園裏土撥鼠僅僅是基本需要得到了滿足，但它在野外的生活可能更豐富，那麼，依據提供大致相同生活的標準，把它繼續關在動物園中就是錯誤的。

接受這些（或類似的）要求將有助於避免某些過份泛泛而談的論點，例如，動物園的展覽本質上是有害的，或必然侵犯動物的某些權利。動物園的一些重要

批評者，包括戴爾‧賈米森(Dale Jamieson)和湯姆‧雷根，沒有把圈禁(限制某人的自由權)和我們所說的特定意義上的拘禁(以這樣一種方式限制某人的自由權：即嚴重干擾某人對美好生活的追求)區別開來。這種區分是重要的，因為只有拘禁會帶來傷害。事實上，有時圈禁或對自由權的其他限制總的來說是有益的。畢竟，人們可能擁有自由權 —— 沒有外在的限制 —— 而並不享有某些重要的自由。一個使用因特網的兒童或一隻被捕食的動物也許都擁有自由權，但沒有免於受罪犯/捕食者傷害的自由。

如果圈禁並非總是傷害動物，那麼它是否仍然表現了對動物的不尊重？實際上，任何一種圈禁動物至少部分地是被用於人類的目的，例如娛樂(動物園的動物)和陪伴(寵物)。對動物的尊重也許要求我們把動物留在野外，並且不要為了馴養而生產動物。有些批評家指出，我們應該停止繁殖動物園的動物和寵物，在現有的動物死去後，不再用新的動物來替代它們，讓馴養動物全面走向滅絕。

這種觀點是沒有說服力的。在正常情況下，根據尊重自主性的原則，對成年人的干涉需要得到他們正式的同意，無論這種干涉是用於社會福利(做研究)，還是用於他們自己本身的福利(接受治療)。但是，這個原則只適用於那些能夠真正理解自己的最佳利益和價值的存在物；它並不適用於兒童或非人類動物，他

/它們（只有極少數受過語言訓練的類人猿除外）缺乏構成自主性的推理能力和決策能力。因此，代表兒童和動物作出符合他/它們利益的決定是恰當的。沒有人強有力地辯護過這樣一條適用於所有有感知能力的非人類存在物、要求我們任它們自生自滅的尊重原則。

由於收養寵物和動物園的動物既不是本質上有害的，也不一定是對動物的不尊重，因此，我們必須根據特定案例的具體情況來評估收養行為的恰當性。

寵物

讓我們把話題返回到金毛獵犬珍妮。它的人類夥伴明顯沒有完全滿足收養動物的兩個條件。確實，如果珍妮成了流浪狗，它的處境很可能會更糟。雖然會過上更加刺激的生活，但它在大多數時間裏都會挨餓，沒有獸醫的照料，還要遭遇極端惡劣的天氣和多種戶外的危險。所以讓我們假定，提供大致相同生活的要求得到了滿足：總的來看，珍妮的生活水平肯定不低於它作為流浪狗的生活。但它的人類夥伴因沒有滿足它對充足鍛煉、刺激和陪伴的需要而違反了滿足基本需要的要求。

由於作為一隻寵物，珍妮的處境是常見的，所以探究它的人類夥伴如何能達到滿足基本需要這一標準是有價值的。首先，他們可以極大地增加它在戶外溜

達的時間。既然他們有一個寬敞的後院，他們可以用柵欄把它圍起來，允許珍妮有更多的時間享受戶外活動；它可以在草地上玩耍、更多地聆聽其他動物的聲音、掏挖洞穴，以及從事鍛煉其機能的其他活動。其次，他們還可通過收養另一條狗來使珍妮的生活更加豐富。花更多的時間直接與珍妮相處也會使它更加幸福。

這種改變是巨大的，會影響到一個家庭的生活方式，並且可能要承擔相當的花費，例如修建柵欄。這是否意味着這種改變對人類照看者提出了過高的要求？沒有。關鍵之處在於，收養寵物是一項非常嚴肅的責任。就像生養孩子一樣，人們在接納寵物之前必須作出周密而現實的計劃，並且只有在能滿足寵物的基本需要時，才能收養動物——假設提供大致相同生活的要求也能予以滿足。畢竟，動物擁有道德地位，它們並不只是為了人們的快樂才存在的。

收養寵物是否恰當，這取決於特定案例的具體環境；這些環境決定了收養寵物的兩個條件是否能夠被滿足。儘管如此，我們可能仍然要提出一個大膽的概括性觀點：把外來的或野生的動物(例如猴子、老鼠、金絲雀、蛇和大蜥蜴)當作寵物來收養是錯誤的。指望能夠充分地照料這些動物明顯是不現實的，因為它們被迫生活的處境完全不同於它們本性所適合的環境。所有者幾乎總是對外來動物的特殊需要一無所知；人

圖8　一隻待售的長臂猿幼崽

們也不能指望獸醫能對野生動物的健康問題作出恰當的診斷。如果一隻外來動物不會很快死去（大多數都會在幾年內死去），那麼，收養者可能會對它感到厭倦，卻不能找到另一個心甘情願的收養者。最糟糕的情形或許是，購買野生動物的行為鼓勵了人們從野外捕捉動物，破壞了動物家庭的完整性，並導致了在運輸、裝卸過程中可預見的對動物的傷害，以及把生命作為商品來買賣的惡果。

　　與外來的動物相比，真正馴化了的物種（如貓和狗）與它們野生的祖先存在着一些明顯的遺傳差異，就像狗和狼的情況。通過人類的收養，馴化了的動物較之野生動物更適合與人相處。但人們應如何獲取一隻馴化了的動物？目前一個嚴重的問題是，這些動物過度繁衍，導致了它們無家可歸的慘況（不論是在街上、庇護所還是某些國家的試驗室裏）和每年數百萬動物被實施「安樂死」的結局。由於從寵物店或動物繁殖者那裏購買寵物的行為助長了這個問題的持久存在（同時導致對寵物店裏的動物的忽視），因而，從動物庇護所領養一隻寵物也許是更為負責的行為。出於同樣的原因，如果寵物還沒有進行卵巢切除或閹割，那麼對它們進行這種手術也是同樣重要的。地方政府可以幫助建立一些收費較低的絕育手術診所。

動物園的狀況

　　人類搜集動物的歷史源遠流長，至少可以追溯到古埃及。動物公園或動物園指的是展覽動物的公園，主要是為了娛樂、教育或科學的目的；它於18世紀開始在歐洲大陸出現。英國和美國的第一個動物園出現在19世紀。

　　如果人們沒有從野外捕捉動物，動物園就不會存在。動物園收養動物的第一步就是捕捉野生動物並把它們圈禁起來。接下來的第二步通常就是野生動物買賣；交易的過程常常充滿冷漠和殘忍。許多動物在這一過程中死去，導致死亡的原因包括：艱苦惡劣且伴隨虐待的旅程、致命的感染，以及對動物園環境的無法適應。人類捕掠者破壞了動物的家庭和它們的社會聯繫。此外，捕掠者為了便於抓捕，可能屠殺被捕獲動物的家庭成員。例如，不久以前，黑猩猩的母親在它的孩子被抓捕後通常都被殺死。

　　一旦某個特定種類的動物被圈養後，替代進一步捕獵的一個辦法，就是利用動物園裏的動物進行繁殖。逐漸地，繁殖瀕臨滅絕的動物就成了動物園規定的目標。從積極的方面看，繁殖項目能夠保持遺傳上的多樣性，從而避免由於同系繁殖而導致的健康問題，能夠防止繁殖的動物數量超出照料能力，還能把一些動物放生到野外。然而，一些動物園是為了把多

餘的動物賣給娛樂業而繁殖動物，或者不小心將生育期的動物關在一個籠子裏，使其意外繁殖。

不同的動物園在條件上有着巨大的差異。動物園的範圍包括那些實際上並不是真正的動物公園的「動物園」；景象最淒涼的動物園就是路邊的巡迴展覽動物園——只有一隻或幾隻動物被隔離地關在籠子裏。某些更大的動物展覽園把動物關在狹小而光禿禿的籠子中，這種做法絕不會鼓勵參觀者尊重野生動物；這類動物園既不會有利於教育和研究，也不會有助於物種的保存。但是，即使真正的動物公園條件也千差萬別。有些動物園幾乎與剛才提到的動物展覽園一樣景象淒涼。其他的動物園，如華盛頓的國家動物園，既有條件不錯的展館也有條件惡劣的展館。最好的動物園傾向於保留較少的動物，給動物提供比較大的空間，並且幾乎可以再現動物的自然生活環境(只是減少了大部分危險而已)。根據我掌握的文字材料，我認為最好的一些動物園是：亞特蘭大動物園、布朗克斯野生動物保護公園、聖地亞哥野生動物公園、蘇格蘭的愛丁堡動物園和格拉斯哥動物園。部分是為了回應來自動物權利提倡者的批評，這些優秀的動物園目前都逐漸放棄了關押動物的鐵籠子，而給動物建造自然化的生活環境，使動物園顯得不那麼像監獄而越來越像生態公園。

我們是否應該從野外捕捉動物？

沒有任何關於動物園的倫理評價可以回避動物的獲取途徑這一問題。人類是否應該繼續從野外捕捉動物？在回答這個問題時，我們必須思考相關的傷害。鑒於我們所知道的關於脊椎動物的精神生活——因為大多數動物園的動物是脊椎動物，我們可以想像捕獲通常使動物承受疼痛、恐懼、焦慮和痛苦。就社會性動物而言，破壞它們的家庭或其他社會組織很可能導致它們的悲傷或其他形式的痛苦；而且，為了便於抓捕，它們的家庭成員還可能被殺害。運輸被捕獲的動物時要拘禁它們——在籠子裏它們不可能過得舒適，並可能導致它們受傷或死亡。把這些精神緊張的動物帶到一個陌生的環境很可能使它們感到不愉快，時常產生健康問題，有時在到達以後很快就會死亡。總的來說，這個過程肯定會給動物帶來不愉快的情緒和暫時的拘禁，而且常常會導致死亡；有時還伴隨着疾病和受傷。鑒於這些傷害，我們有很充分的道德假定來反對從野外捕捉動物。那麼，動物園的幾個主要目的是否可以在特定情況下推翻這個假定的合理性呢？這裏所討論的傷害是否能被看作是必要的呢？

在動物園的四個主要目的中，其中的三個——娛樂、科學研究和教育——基本上都是以人類為中心的。娛樂純粹是為了我們的利益，不能充分證明使動

物承受嚴重痛苦和其他傷害的合理性；只有當動物缺乏道德地位、且僅僅是我們使用的物品時，這樣做才能夠得到充分的證明。動物研究主要是為了人類的利益，然而有時也有利於動物——提高我們照料它們的能力。但是，大多數研究都不需依賴動物園進行。同時，教育至少主要是為了我們的利益。但是最近，一些動物園的辯護者聲稱，動物園能夠且應該教育參觀者，使他們明白自然保護和物種保存的重要性；通過改變人們的態度並喚起人們的保護行動，動物園最終有利於動物。然而，此種利益被延伸到動物身上的可能性是不確定的。同樣不清楚的是，在我們這個多媒體的世界，這類教育為甚麼仍需要依賴於動物園。無論如何，即使有些有利於動物的研究和某些教育確實需要動物園，我們也已經擁有了足夠多被圈禁的動物供人們使用。有計劃地繁殖動物的方法也使這一假設——有必要從野外捕獲更多的動物——不攻自破。

物種保存的目的是否可以證明從野外抓捕更多動物的合理性呢？如今，很多動物園都把自己描繪成促進瀕危物種之生存的機構。確實，動物園的某些辯護者宣稱物種保存是動物園的主要目標——雖然動物園的預算只有很小份額用於這項努力。這個目標的一個優勢是，幾乎每個人都贊同它。但是它的重要性是有爭議的。如果一個物種滅絕了，那麼，我們不能在嚴格的意義上說該物種受到了傷害；物種不是擁有利益

圖9　一隻正在繩索上行走的猩猩

的存在物，所以不會被傷害。(事實上，物種是由人類的習慣和生物學的現實所共同決定的生物類別。)固然，一個生態系統的變化(包括那些由於物種滅絕而起的變化)會影響到動物個體。但是，物種X的滅絕和物種X少數成員的存活這二者之間的差異，對一個生態系統來說是可以忽略不計的——特別是如果它們僅僅是在動物園中生活的話。正如賈米森所說，保存物種主要是人類的欲望。物種的保存在沒有其他衝突的情況下可能是值得的，但是，當它與特定動物的利益發生衝突時，它的重要性就變得很有問題，例如，當動物在被捕獲、運輸和引入動物園的過程中受到嚴重傷害的時候。被捕獲的動物並沒有從物種保存中得到好處。實際上，根據動物園保存物種的現實努力來判斷，是否有任何動物能夠從動物園保存物種的計劃中得到好處，仍然很難說清。

事實上，動物園花了很大的努力保護了很少數的幾個物種，並且僅僅成功地把幾種動物放歸野外；但是，目前大多數放歸野外的努力都是失敗的。而且，繁殖計劃有時導致動物數量過剩——它們被拍賣，甚至「被實施安樂死」。通過少數動物來繁殖，常常會導致近親繁殖，使得幼小動物抵抗疾病和環境壓力的能力越來越差。雖然至少有幾個動物園在物種保存方面做得比較好，但這些工作通常是在一些僻靜角落的繁殖研究所裏進行的，而那裏是禁止參觀的。這引出

了進一步的懷疑：是否需要靠動物園來保存物種——特別是是否需要抓捕更多的野生動物。同時，對於達到這個目的，還有一個可能更為有效的方法：減少人類對環境的破壞。

基於這些原因，人類應該停止抓捕野生動物來展覽。這有例外嗎？動物園的辯護者弗雷德・孔茨(Fred Koontz)認為，抓捕有時對於增加圈養瀕危物種的遺傳多樣性、從而降低近親繁殖的危險來說是必要的。這個論斷的合理性主要依賴於物種保存的重要性和通過動物園實現物種保存目標的可行性。對這兩個條件中任何一個的合理懷疑都會削弱這個論斷。從原則上說，合理抓捕特定野生動物的更有力理由是，這對它們本身是有利的。有人會認為，某些動物因其生存環境無法改善，已面臨極大危險。但是，為了使動物真正受益，動物在動物園的生活就必須要比它在野外的生活更好，以使動物園生活的好處足以抵消動物在被抓捕、運輸和引入動物園的過程中所遭受的多種傷害。即使動物在動物園的生活有時達到了這個標準，我們也很難樂觀地相信，動物園管理者——他們要對很多利益(包括自我利益)負責——能夠就動物在動物園的生活作出公正的判斷。如果「不再抓捕野生動物」的原則真有值得允許例外的情形，那麼，這些例外也應更多地應用於「較低級」的物種，因為這類物

種沒有豐富的精神生活，這可能使它們在從野生轉變為圈養的過程中承受較少的傷害。

我們是否應該把動物留在動物園？

把已經捕獲的動物繼續留在動物園是不是正確的？想想我們在本章開頭談到的兩隻獅子利奧和利昂娜。雖然它們得到了很好的餵養，沒有病痛，條件舒適，但它們的生活處境缺乏豐富性，除了它們，再無別的獅子伴侶。它們感到厭倦，只有很少的鍛煉，並且從未能完全施展它們的身體和精神能力。它們在野外生活的狀況是否有可能更好 —— 野外生活的豐富性常常伴隨着許多危險 —— 是有爭議的。但是，即使獲得大致相同生活的條件得到了滿足，滿足基本需要的條件還是沒有實現，因為獅子對交往、鍛煉和刺激的需要被忽視了。因此，在這種條件下收養利奧和利昂娜的做法是不能得到合理證明的。

收養動物的兩個條件構成了嚴格的標準；目前只有少數動物園能夠滿足這些標準。不過，對大多數物種來說，這些標準是可以滿足的，但需要足夠的想像力、空間和資金。如果環境足夠適宜，大多數動物的基本需要在圈養狀態下也是可以滿足的。在判斷圈養生活是否與野外生活一樣好時，我們必須現實地思考野外生活並避免把野外生活浪漫化。（雖然對動物園的

最嚴厲的批評家可能在大部分情況下是正確的，但他們通常犯兩個錯誤：(1)認為所有的圈養都是有害的或缺乏尊重的，並且(2)忽略了野外生活的不利條件。)野生動物通常都要面對疾病和受傷的風險、嚴酷的天氣、食物的短缺和捕獵者。管理較好的動物園能夠提供穩定的營養食物，使它們免受嚴酷的氣候和捕獵者之害，並且有獸醫的關照。在動物園，動物也許能夠活得更久——這顯然是一種利益，因為死亡是一種傷害(見第四章)，並且可以避免許多痛苦的來源。

怎樣才能使動物園在收養動物時滿足這兩個條件？除了足夠的食物、有效的庇護和獸醫的照料這些明顯的要求外，動物園還應給動物提供充足的活動空間，保存動物的基本社會組織(對社會性的物種來說)，創建富於創造性的生活空間——最好與動物的自然棲息地相似。富於創造性的生活空間可以使動物的生活更加充滿刺激、活力和健康。提供豐富性的方式包括：把食物隱藏起來，放置在一個箱子裏或其他不尋常的容器裏，或者把它放在動物必須攀越或跳起才能獲得的地方，假定這種不方便並不是殘酷的；安排更多次但每次較少量的餵食，而不是每日一次或兩次大量的餵食；提供多樣的物件讓動物能探索、操控和隱藏自己。在華盛頓的國家動物園裏，猩猩有機會參加基本的語言培訓——豐富性的一種新奇形式。毫無疑問，最具有豐富性、在其他方面也無可挑剔的展

館是這樣一些展館：它們使動物園和自然公園的界線變得模糊，給動物提供與其自然環境大致接近的生活環境，同時消除動物可能遭遇的絕大多數危險。

可能有一些動物園已經滿足了確保基本需求和提供大致相同生活的條件。其他一些動物園可以通過進一步的改進來滿足這兩個條件。那些不能或不願充分改進以滿足這些條件的動物園應該關閉。「較低級」的脊椎動物可能只有較弱的感受痛苦的能力，拘禁給它們帶來的損失可能較小；人們可能認為，教育、研究和物種保存的目的能夠證明，有些收養這類動物的動物園的條件可以允許例外。另一方面，這些動物的簡單需求使得滿足這兩個條件更容易，而允許例外很容易為謀取私利敞開危險的大門。因此，這是一個很好的反對存在例外的理由。(那些反對平等考慮而贊成區別對待模型的人可能只接受使基本需求得到滿足的條件，並以此為基礎，把更多的動物園和動物園展館看作是符合道德要求的。)

對於大多數人來說，由於參觀動物園只是一個偶爾的且花費很少的活動，因而聯合抵制不合格的動物園將是效果不佳的。也許通過立法來確保動物園符合標準(如我們所提的兩個條件)是必要的。路邊的巡迴展覽動物園不能滿足這類標準，應該被禁止。更普遍地禁止私人動物園也可能是最明智的舉措。鑒於動物園令人沮喪的歷史，以及動物園的倡導者總是傾向於

圖10　一頭犀牛

　動物權利

用動物福利的花言巧語來掩飾其自私的或至少是服務於人類利益的目的，因而，利益的驅動似乎很難保證動物園的動物不被忽視和虐待。總之，唯一能夠獲得合理性證明的動物園，可能只是少數幾個最好的公共動物園。這些動物園的空間是如此寬廣和自然，以至通常很難看到動物。能夠獲得合理性證明的動物園的一個標誌或許就是，借望遠鏡給參觀者使用成為它的一項日常政策。

因為動物擁有道德地位，不是供人類使用的純粹物品，所以關於動物園的討論都把焦點集中在動物的利益上。但是我認為，動物的道德地位還引出了一種責任，這種責任不能完全從動物利益的角度來加以說明。這種責任就是，培養尊重動物的態度，把動物作為擁有道德地位的生物來看待。這不是對自主性的尊重，自主性的概念在此是不適用的；它也不是要完全排除對動物的任何收養——這種觀念似乎是沒有根據的。它只是對這一事實的恰當認可：動物因其自身的緣故而具有重要性，而不僅僅是供人類使用的工具或娛樂的玩物。不幸的是，通過以下做法，動物園時常鼓勵人們把動物看作是為我們而存在的：為了人類的娛樂而展示動物，而動物在這樣一些環境裏只能過着悲慘生活；剝奪動物本可以躲避人群侵入的住處；以及逃脫實施積極的教育措施（以培育人們對動物的尊重和讚美）的責任。總之，培育恰當尊重態度的最好方

式，也許就是給動物提供與其自然棲息地相似的生活環境。

一些特例

　　滿足基本需要和提供大致相同生活的標準適用於所有動物園的動物，但是，有少數特例需要我們注意。就其實際效果而言，這些標準只適用於那些擁有利益的生物，即有感知能力的動物。不擁有利益的動物不會被傷害（至少在與道德有關的意義上），因此也不會被不正當地傷害。它們沒有需求，不存在好的或不好的生活。所以，我們沒有前後一致的論點來反對收養沒有感知能力的動物或反對在特定環境下收養它們——例外的情況是，動物園不能以助長對動物不尊重風氣的方式（例如通過無故毀滅生命的方式）來展覽它們。無感知能力動物的案例，為我們拒斥那種反對收養任何動物的動物解放倫理提供了另一個理由。

　　非人類生命等級的另一端是類人猿和海豚。它們的認知、情感和社會複雜性，為我們反對在動物園或水生動物展覽館收養它們提供了有力的認定。然而，我們在物種保存方面最強烈的興趣就是對我們的近親（類人猿）的保護。對這些動物的任何形式的收養必須滿足前述兩個條件。這可能意味着，要保護它們的家庭成員，給它們提供很大的空間以及能鼓勵它們玩

要、攀爬、探尋和解決問題的生活環境。另一方面，在水生動物展覽館中收養海豚似乎不可能滿足提供大致相同生活的要求。海豚的海洋生活習慣、它們遠距離游泳的嗜好，以及它們豐富的社會組織形式，這些都使得它們的生活需要某種特定的環境，但是作為陸地動物的我們可能無法模仿構建這樣的環境。人們可能還會懷疑，圈養能否滿足它們的基本需要。不幸的是，我們仍末停止迫使海豚離開它們的自然環境，遠離它們的家庭 —— 僅僅是為了把它們圈養在水族館中供我們娛樂。禁止海豚展覽的理由是非常充分的。

第七章
動物研究

　　從1960年開始，在紐約的美國自然歷史博物館的科學家們開展了17年的關於貓的性傾向的實驗。在這些實驗中，研究人員以不同的方式把貓弄得傷殘（例如，切除它們的部分大腦、毀壞它們的嗅覺、通過割斷它們性器官的神經來消除它們的觸覺），然後評估它們在不同情境下的性表現。例如，研究人員會計算被剝奪了嗅覺的貓「交配」的平均頻率。雖然這項研究由（美國）國家兒童健康和人類發展研究所和國家健康研究所提供資助，但這項工作是否有利於兒童或任何人類，是難以弄清的。然而，這個博物館的主管托馬斯·尼科爾森（Thomas Nicholson）明顯沒有意識到承諾這類利益的必要性：「這個博物館的獨特之處，就在於它有研究它所選定的任何項目的自由，而毋須關心研究的重大實用價值……我們打算堅持這種自由」（柏恩斯[Burns]引用）。在開展這項有爭議的研究的日子裏，雖然許多科學家也持有類似的觀點，然而，甚至從純粹科學的立場來看，他們顯然也沒有找到能證明這項研究之重要性的證據；已經發表的21篇以貓的性

傾向實驗為依據的論文，幾乎沒有一篇被其他科學文獻所引用。尼科爾森關於動物研究的自由放任主義態度也沒有得到公眾的贊同；動物保護主義者亨利‧斯皮拉的努力使公眾瞭解到了這項實驗（辛格的著作對斯皮拉的努力和這項實驗都進行了介紹）。市民給自然歷史博物館、國家健康研究所和國會寫信進行抗議，促使國會給國家健康研究所施加壓力；該研究所終於在1977年停止了對這項實驗的資助。

在靈長類動物研究中心（麥迪森，威斯康辛）工作的哈利‧哈洛（Harry Harlow）是一名德高望重的心理學家。他從20世紀50年代到70年代開展了一項有關幼猴的實驗。這些幼猴自出生起就被完全隔離起來飼養，既不與猴子也不與人接觸。為了探索影響母子情感的因素等課題，哈洛和他的同事研究了社會隔離（包括剝奪母親）、被拋棄以及其他各種折磨方式對幼猴產生的心理影響。在大多數實驗中，幼猴都會遇到一個代理母親——有些是由鐵絲做的，有些是由布做的；有些易於接近，有些則放在有機玻璃箱中，無法觸摸。在各種使實驗對象恐懼的情景中（幼猴由此通常都會表現出自我緊抱、搖擺和抽搐這類異常行為），幼猴在代理母親面前的表現都被加以研究。為了完成某些實驗，哈洛還給那些被剝奪了母親的幼猴設計了某些它們會嘗試去親近的「怪物」。這些「怪物」包括一個用布做成的、能噴出高壓氣體的猴子「母親」，一個搖擺

得如此猛烈以致令幼猴的頭嘎嘎作響的「母親」，一個會把幼猴猛然拋開的「母親」，以及一個朝幼猴突然發射長釘的「母親」。幼猴通常都試圖接近這些怪物母親，甚至在被拋開之後。後來，哈洛單獨飼養雌性猴子，使它們人工受孕，然後讓它們與自己的嬰兒呆在一起；有些母猴僅僅是不理這些嬰兒，有些則攻擊或殺死這些嬰兒。後來的實驗還加入了「恐怖的隧道」和「絕望的井坑」這樣的革新。(後一個實驗產生了這樣的結論：「一個在立式空間中被拘禁45天的幼小動物，會表現出嚴重和持久的、壓抑性的精神病理行為。」)哈洛雖然研究了某些重要的問題，可能還揭示了母子情感紐帶的某些特徵，但是，一些心理學家還是提出了這樣的疑問：哈洛是否發現了任何不用猴子做實驗就不能發現的重要問題。有人可能會指出，這項研究(辛格的《動物解放》一書對它作過描述；也可見於奧蘭斯[Orlans]、比徹姆[Beauchamp] 等，以及泰勒的著作中)至少讓我們知道了剝奪母愛所產生的後果，而這確實是一個重要問題。但是，在哈洛做這個實驗之前，約翰·鮑爾比(John Bowlby) —— 這個領域最重要的一個研究者 —— 已經得出結論說：長時間地剝奪母愛會對兒童產生嚴重的消極影響。鮑爾比不是通過使用猴子來推知人類的小孩，而是通過研究難民、戰爭孤兒和收容所的孩子。

貓的性傾向實驗和哈洛的研究挑戰了這一觀點：

圖11 一隻被關在籠中、植入電極的猴子

動物研究永遠不應受制於對動物福利的關心。相反，
今天進行的許多實驗(例如，在艾滋病和癌症研究領
域)都既試圖找出影響人類健康至關重要的因素，同
時又限制對動物研究對象的傷害。總的來看，儘管與
工廠化農場相比，動物研究越來越受到更多公眾的關
注和批評，但是，贊成動物研究的道德理由似乎更充
足。首先，至少在許多發達國家，政府已制定了一些
旨在盡量減小研究用動物之痛苦和悲傷的法律和法
規；對工廠化農場動物的保護則要弱得多或根本不存
在。其次，全球每年用於研究的動物數量估計在4,100
萬到一億隻之間，而僅在美國的工廠化農場，每年所
屠宰的動物數量就有50多億。最後，人們可以合理地
認為，與工廠化農場不同，動物研究能夠給人們提供
一些重大的、通過其他途徑無法獲得的利益。儘管如
此，動物研究是否能夠被證明是合理的(如果是合理
的，那麼在何種情況下是合理的)，則仍然是有爭議
的。這一爭論涉及有關動物道德地位的根本問題；在
這種背景下，區分「動物權利」的三種含義(見第二
章)是非常重要的。

一些背景

在這裏的討論中，「動物研究」一詞是從廣義上
來理解的，它包括幾種不同的含義。一種含義指的是

對全新的科學知識的追求。(如果從狹義上來使用「動物研究」一詞,那麼,它指的就是追求這種知識的努力,與試驗和教育意義上的動物研究有區別。)這種意義上的動物研究包括兩種類型:尋求關於生理過程和生理功能之新知識的研究(基礎研究),以及尋求醫學、獸醫學和生物學的新知識以促進人類、動物和環境之健康的研究(應用研究)。動物研究的另一含義指的是試驗,即評估化學產品和其他產品的安全性。最後,動物可能被用於教育目的,例如,用於科學展覽項目、解剖和外科實習。由於從教育角度對動物的這種使用並非都是實驗,因而「研究」一詞的含義也有所擴展,包括了對動物的這種使用。

作為一項重要的科學活動,動物研究是在19世紀早期興起的。部分地是作為對法國的弗朗索瓦‧馬讓迪(François Magendie)和克洛德‧貝爾納(Claude Bernard)的開創性工作的回應,反對活體解剖的運動在19世紀的英國誕生。有組織地反對動物研究的運動儘管有很長的歷史,但是,直到1977年國家健康研究所終止關於貓的性傾向實驗之前,它都沒能阻止任何一個實驗。而到1977年時,人們已經制定了一些適用於動物研究的法律和法規。

1966年在美國,關於寵物狗被偷盜、被動物販子虐待並賣給研究實驗室的事件披露之後,激起了人們普遍的憤怒情緒。同年,《實驗室動物福利法》——

它之前主要是一個保護寵物的法案——變成了法律。接下來的修正法案(它的名稱縮短為《動物福利法》)增加了關於研究用動物的照顧和使用的條款。這些條款在美國的科研體制下規定了鎮痛藥物的使用、籠子的空間要求,以及成立動物照顧與使用委員會;在這一體制下,獲得聯邦資助的研究機構基本上都是自行管理的。

雖然美國的立法明顯地代表了在動物保護方面取得的進步,但是,它經常受到動物保護者和西歐國家(它們對動物的保護更嚴一些)代表的批評。一個問題是,《動物福利法》的適用對象並不包括農場動物、鳥類、爬行動物、兩棲動物或魚類。難以置信的是,它甚至不包括使用最為廣泛的研究對象:大白鼠和小白鼠。然而,這種狀況會在2001年10月有所改變。美國農業部的一個新法規(它擴大了法規管理的範圍,使之包括鳥類、大白鼠和小白鼠)將被實行,除非美國國會連續兩年阻止這個法規的通過。無論如何,公共健康服務局制定的政策適用於該局資助的研究項目所使用的所有脊椎動物。另一個問題是,本意是用來指導對動物的關愛和使用的公開頒佈的原則卻包含着這樣一條,它潛在地允許不遵守其他所有原則的各種例外出現:「鑒於這些原則應有例外的情況……」這項原則對允許例外的情形並未提出任何限制。與之相比,《關於使用動物進行醫學研究的國際指導準則》卻避

免了這樣一個全球性漏洞的存在。

在英國，早期的反對活體解剖運動（見第一章）對民眾產生了廣泛的影響，這確保了《防止虐待動物法案》在1876年的通過，這個法案保護的重點目標是用於研究的動物。根據羅伯特·加納（Robert Garner）所作的歷史分析，這項法案對於動物研究者的行為產生了影響，防止了一些嚴重的虐待，或許還挫敗了一些本來要進行的動物實驗。1906年由政府指定成立的一個皇家委員會實施了一些改革，例如，任命全職的監察員，制定了一項法規（要求無痛屠宰那些遭受嚴重而持久之痛苦的動物）。隨着當代動物權利運動的興起，對動物研究的關心在20世紀60和70年代再度升溫；但是，英國公眾不得不等到1986年，才迎來下一個重要的立法改革——《動物（科學研究程序）法案》。正如加納所解釋的，新法案要求研究人員必須獲得一個個人執照（每五年複查一次）和一個特定實驗程序的項目執照。此外，新法案還創立了一個動物研究規則委員會，其成員包括動物權利的倡導者；新法案還要求動物繁殖者和供應者到有關部門登記註冊並服從檢查。

縱觀全世界的動物研究歷史，支持者們一再聲稱，動物研究能帶來重要的好處。他們指出，動物研究在開發無數新的醫療方法和治療技術方面，以及在推進生物學基礎知識方面，都發揮了重要的作用；他們提到的取得重要進步的領域包括：阿爾茨海默氏

病、艾滋病、基礎遺傳學、癌症、心血管病、血友病、瘧疾、器官移植、脊椎損傷的治療和無數其他的疾病。雖然大量的動物研究旨在促進人類的利益，但支持者提醒我們，這種研究也帶來了其他利益，即提高了我們照顧動物的能力。這類利益包括：用更先進的藥物和技術來治療生病或受傷的寵物、用抗菌素來治療牛的乳腺炎，以及通過行為研究來加強對野生動物的保護。

評估動物研究價值的困難

毫無疑問，動物研究為生物醫學的許多進步鋪平了部分道路。但這並不意味着，動物研究對於這類進步來說是必需的。打個類似的比方：我可以搭你的車去地鐵站，但這並不意味着我一定需要搭你的車去那裏；也許我可以走路或坐公交車去。實際上，有些批評者可能會説，即使沒有動物研究，我們也能取得生物醫學方面的進步。

這些批評者懷疑，非人類動物對人類來説是不是適宜的科學模型。很明顯，老鼠、狗和猴子不是人。我們或許可以説，動物模型可能引起誤導，導致嚴重的後果。例如，休·拉富勒特(Hugh LaFollette)和奈爾·尚克斯(Naill Shanks)曾指出，錯誤地依賴動物模型使有效的小兒麻痹症疫苗的研發延遲了許多年。

不過，我們可以合理地推定，由於不同物種的動物在生物學和心理學方面存在着相似性，因而適當的動物模型在生物醫學的進步過程中通常都能提供有價值的信息。但是，如果還有不使用動物的其他方法來實現生物醫學的進步，情況又會怎樣呢？如果使用動物不是必需的，那麼，贊成動物研究的理由就遠不是那麼充分了。因此，關鍵的問題是：只能由動物研究提供的好處究竟有多大？

這是一個非常複雜的問題。解決該問題需要比較兩種進步：(1)對動物實驗對象的實際使用能夠取得、或已經取得的進步，(2)依靠最佳的非動物模型能夠取得、或本可以取得的進步。對第二種進步的評估是猜測性的，因為它是假設的。除非動物研究的提倡者能夠令人信服地對這兩種進步作出精確的比較(我懷疑他們能夠做到)，否則，即使他們能夠正確地指出，動物研究已經帶來了好處，他們也沒有資格聲稱，動物研究對於那些好處的獲得是必需的。此外，我們必須記住，動物研究所帶來的特定好處僅僅是可能的和期待中的，而對動物實驗對象的傷害卻是直接的和確定的(因而，無數的實驗傷害了動物而沒有帶來任何好處)。任何真正的成本效益分析都必須在權衡收益與可預測的傷害之前，對預期中的收益與實現這種收益的可能性加以比較。由於存在着動物研究替代品的可能性，而且，在進行真正的成本效益分析時需要考慮成

功的可能性，因而，動物研究的價值似乎比它的提倡者通常所宣稱的要小。

重要的目的能證明有害手段的合理性嗎？

讓我們假定，動物研究承諾的某些好處是無法通過其他途徑實現的。這能夠證明以傷害動物的方式使用動物（它們顯然不能給予正式的同意）是合理的嗎？人們通常都認為，如果某些利益是不能通過其他途徑獲得的，那麼，有利的成本效益比率就能自動地證明對動物的特定使用方式的合理性。但是，這個結論是不能成立的。畢竟，如果我們以特定方式來使用人類受試者也能獲得某些利益，而這些利益是不能通過其他途徑獲得的，而且，這種使用方式的成本效益比率也是有利的；但是，該事實本身並不能自動地證明，對人類受試者的這種使用方式是合理的。我們承認，對人的使用存在着某些倫理限制，例如，需要征得有行為能力的成年受試者的正式同意，而且，為獲得預期收益所冒的風險必須是合理的。這些倫理限制構成了生物醫學研究者不能逾越的行為邊界。因此，很長時間以來，我們實際上已經接受這樣的觀點：我們必須放棄某些有潛在價值的研究，例如，某種雖然很有前途，但會使人類受試者面臨巨大風險，而該風險與預期的利益不成比例的兒科研究。

因此，動物研究的關鍵問題是，動物的道德地位能否排除或限制那種把它們用於研究的做法，不管是否有潛在的利益。強式動物權利論從超功利的角度來理解權利，它反對為了其他動物個體的利益而傷害某些動物個體（在沒有征得它們同意的情況下）。這種立場幾乎排除了把動物用於研究的做法，但又不完全排除。它允許(1)確實不會傷害動物受試者的研究和(2)獸醫的治療性研究—— 即為了動物受試者本身的最大利益進行的研究（例如，在沒有現存的治療它們的疾病之方法的情況下）。

強式動物權利論可能還接受另一類動物研究。乍一看，平等考慮似乎會支持那種對研究對象僅造成最小風險的非治療性動物研究。因為幾乎每個人都接受對兒童採取（他們和動物一樣，不能給予正式的同意）最小風險的標準。然而，儘管強式動物權利論的提倡者接受平等考慮的理論，但是，他們可能甚至會反對在非治療性的研究中，將非常小的已知風險強加於動物（或者兒童）的做法。他們可能認為，最小風險標準未能恰當地尊重兒童受保護的權利。

不管強式動物權利論是否接受對動物的最小風險標準，另一種平等考慮理論，即功利主義，則明顯是接受這種標準的。事實上，功利主義者走得更遠。他們接受那種給動物帶來的風險超過最小風險標準的動物研究，只要預期的利益——考慮了成功取得這些利

益的可能性，並把動物的利益看得與人的類似利益同等重要 —— 超過成本，並且是在使用其他方法不可能取得更佳的利益成本比率的情況下。現在，那些正確地應用了他們的理論的功利主義者(不同於那些普遍貶低動物利益的重要性的「功利主義者」)基本上都認為，幾乎沒有甚麼動物研究能被證明是合理的。不過，由於功利主義者允許某些非治療性的、超過目前的最小風險標準的動物研究，因此，像彼得·辛格這類功利主義者得出的觀點就明顯不同於湯姆·雷根這類強式動物權利論者的觀點。注意，至少在原則上，功利主義同樣為在研究中使用非自願的人類受試者的做法敞開了大門。

與功利主義相比，區別對待的理論(例如，它認為動物的痛苦和人類的痛苦相比具有較少的道德份量)則對動物研究持一種較為歡迎的態度。然而，因為它賦予了動物道德地位，否定它們僅僅是我們使用的工具，所以這種理論也許會反對目前的許多動物研究(特別是涉及到「較高級」的動物時)。這類研究包括：不能帶來真正利益的實驗(如貓的性傾向實驗)、僅提供非必要利益的研究(如新化妝品的測試)、導致過多傷害的研究(如哈洛的許多或所有研究)，以及明顯可以使用替代方法的動物研究(如許多出於教育目的對動物的使用)。

傷害與代價

我們已經探討了動物研究的可能利益，以及這種利益是否或者在哪種程度上能夠證明傷害動物是合理的。我們現在必須思考相關的傷害和其他與之相關聯的代價。讓我們先來考察一下實驗過程中給動物帶來的傷害；這些傷害的閾值包括從不傷害到非常嚴重的傷害。戶外研究中對動物的單純觀察不會傷害動物。從一隻實驗室動物身上抽取一個簡單的血樣或進行一次陰道塗片採樣可能僅僅導致最輕微的不舒適感。另一方面，經常抽取血樣或把動物強行關押在被控制的環境中（例如在氣霧吸入室）可以算作中等程度的傷害；給懷孕動物實施剖腹產手術也屬此類傷害。嚴重傷害的例子包括長期剝奪動物的睡眠、食物或水，誘發癌腫瘤，導致大腦損傷（如賓夕法尼亞大學用狒狒所做的臭名昭著的腦損傷研究），以及強迫動物服用一種藥劑直到半數動物死亡（如對新產品所做的五成致死劑量測試）。

一般來說，動物受試者要麼在實驗過程中、要麼在實驗完成後被殺死。雖然認為死亡既傷害動物也傷害人（不管是否在相同的程度上 —— 見第四章）的觀點聽起來是合理的，但是，目前關於動物研究的政策法規只包含最大限度地降低動物的痛苦和悲傷的條款，而不包含避免死亡的條款。關於動物利益的這種過份

簡單化的觀點意味着，那種沒有給動物帶來任何體驗性的傷害、而只是「犧牲」它們性命的研究是沒有傷害的。雖然終結了通過其他方式無法避免的痛苦的死亡可能只是一種較小的惡，但它仍然是一種我們不可忽視的傷害形式。

給動物受試者帶來的傷害還體現在動物的生活環境上。研究用動物通常都生活在狹小的籠子裏，這是一種有着很少或根本沒有豐富性的、非常不自然的生活環境。無聊和缺乏夥伴是常事。雖然美國目前的法規要求，要給狗提供活動的機會，確保靈長目動物的心理需求得到滿足，但是，絕大多數研究對象都是「更低級」的哺乳動物，它們並未被納入此類法規的保護範圍。第六章曾對收養動物的兩個標準作過辯護：動物在生理和心理方面的基本需要必須得到滿足，並且要給動物提供一種至少與它們在野外可能獲得的生活同樣好的生活。目前，研究用動物的生活環境很少能滿足這兩個條件。只要有足夠的經費、想像力和決心，研究者也許是能夠給幾乎所有種類的研究用動物提供滿足這些條件的生活環境的。通過給它們選擇的機會並觀察它們的選擇，研究者甚至可以瞭解動物的內心想法（史密斯[Smith]和博伊德[Boyd]提供的有用建議之一）。使研究用動物的生活環境滿足以上兩個條件不僅在道德上是正確的，它還能提升科學研究的質量，因為緊張、疾病和其他不必要的傷害會使不

同的動物受試者作出不同的反應，從而導致研究數據的混亂。

對動物受試者的處置同樣會引起傷害。粗暴的處置（如在給動物注射之前強行制服它）會給動物帶來極度的悲傷和痛苦；之後，當處置者再出現時，動物對創傷的記憶會導致它的恐懼。相反，主動引導動物予以配合的溫和處置可以基本上避免此類傷害，特別是，如果能用培養友好關係和細心照顧的方式來輔助就更好了，而這些工作需獨立於實驗過程展開。

獲取研究用動物的過程也是傷害的另一個可能來源。如果需要把動物從實驗室之外的某個地方運送到實驗室，那麼，運送過程既有可能只對動物造成輕微影響，也有可能會使動物非常緊張。動物受試者應當從甚麼地方獲得？美國生物醫學研究學會為自己的下述「權利」進行了很長時間的遊說：使用從動物庇護所或待領處那裏獲得的狗和貓以降低成本，以及從野外獵取動物。然而，這種觀點是可疑的。正如我們在討論動物園（見第六章）時所看到的，從野外抓捕動物的過程給動物造成的傷害非常之大，因此這種事情應盡量避免。同時，對很多動物來說，從先前的寵物轉變為實驗室受試者的過程可能會令它們非常緊張和恐懼。以這種方式獲得動物也間接地鼓勵了遺棄寵物的行為（通過使過剩的動物得到「良好利用」），並使動物庇護所不再是動物的避難場所。我認為，使用專門

被飼養來做研究的動物要好得多，正如英國和其他許多歐洲國家的法律所要求的那樣。

　　除了我們已經討論的各種傷害，一個更大的成本值得仔細考慮：金錢。政府贊助的研究使用的是納稅人的錢。追逐利潤的企業所贊助的研究（例如產品測驗）使用的是股東的錢。很明顯，雖然不使用動物的替代研究方法沒有傷害到動物，但這種研究也要承擔資金成本。

　　我們已經簡單概括了動物研究的主要傷害和成本，現在讓我們來討論人們經常提出的一個問題：是否存在某些傷害是動物受試者永遠不應遭受的，不管這種傷害所帶來的**潛**在利益如何？從成本效益的角度看，一個擬議中的實驗需要具有多大的成功希望才能被證明是合理的？

　　我們可以依據前面考察過的觀點來回答這兩個問題。根據強式動物權利論，不應把動物用於非治療性的、會傷害到動物的研究，至少不應使它們承受高於最低標準的風險。由於對動物受試者的所有傷害都應加以考慮，因而，給動物提供的生活環境應達到滿足基本需要和享受大致相同生活的標準。同時，擬議中的研究的前景似乎沒有被看作一個關鍵的因素。與之相比，對於最低風險的標準和收養動物的兩個條件，功利主義論者可能都會允許一些例外，前提是如果沒有其他更少傷害的方式來使得利益的總量最大限度地

把動物用於研究的三種標準強式動物權利論只有當(1)對動物的使用沒有傷害到動物，或者(2)對它們的使用總的來說符合它們的最大利益(治療性研究)時，動物才可以被用於研究。這種觀點可能還允許當(3)對它們的使用只給它們帶來最低限度的風險時，動物可被用於研究。

功利主義
只有當對動物的使用所產生的利益總量 —— 考慮了成功的可能性 —— 最大限度地超過傷害總量，而且，所有各方(包括動物)的利益都得到了公正的考慮時，動物才可以被用於研究。

區別對待模型
只有當對動物的使用與它們的利益所具有的道德重要程度(其重要程度可根據動物在認知、情感和社會性方面的複雜程度來判斷)相一致時，動物才可以被用於研究。

超過傷害的總量。一個實驗究竟有多大的收益，必須連同傷害和成本全盤地加以考慮；從原則上講，既不存在一個可容許的最大傷害閾值，也不存在必需的、最低限度的利益承諾。但是，由於功利主義同等地看待動物和人的痛苦，而且研究的利益只是期待中的利益，因而，這種理論可能只支持那種能滿足迫切的醫學需要、而且又很少給動物受試者造成巨大傷害的研究。和功利主義一樣，關於給動物受試者造成的可允

許的傷害和必要的利益承諾，區別對待理論者也沒有提出具體的要求。然而，在這種觀點看來，依據與動物研究有關的傷害和花費，擬議中的研究必須能夠令人信服地證明這些成本的合理性。

替代方法

我們在前面討論重要利益能否證明傷害動物的合理性時曾假定，在尋求那些利益時，沒有能夠代替動物使用的可行的替代方法。現在讓我們來討論替代方法的問題。由於可靠的替代方法能夠消除或減少與研究相關的傷害，因而它們是值得大力追求的。

但是，確切地說，甚麼是替代方法？有時這個術語指的僅僅是用其他方法來替代對動物完整個體的使用，特別是那些在體外——字面意思是在玻璃(試管)內——進行的研究。但是，這個術語通常更廣泛地指「3R原則」（由羅素[Russell]和伯奇[Burch]提出）：除了替代(replacement)，還有減少(reduction)實驗所需動物的數量和改善(refinement)現有的技術以便最低限度地減少動物所遭受的疼痛、悲傷和痛苦。減少有時是通過優化的統計學方法來實現的，它降低了取得重大成果所必需的動物數量。改善的例子包括：在實施一個程序之前使動物適應實驗的環境，減少緊張；最佳地使用麻醉劑和止痛藥以減少動物的痛苦；良好的處置

技術；改善動物的生活環境，減少無聊和促進健康；以及人道地終止實驗(例如依據特定的臨床指標)而不是在令實驗對象死亡後才將其終止，如在毒性試驗或疫苗效能試驗中。美國仁慈協會已發起一項動議，擬通過改善現有技術，到2020年消除實驗室動物所遭受的所有重大痛苦和悲傷。

除了能提升動物的福利，替代方法從科學或經濟的角度來看有時候也是更可取的。在某些情況下，不使用動物的研究方法是解決特定問題的最直接手段——這是藥理學、生物化學以及相關的領域日漸趨向於使用試管方法的一個主要原因。通常，利用人類的器官、組織或細胞，或甚至人類志願者進行研究都是可能的，這使得依據動物的資料來推斷人類狀況的做法變得沒有必要。而且，替代方法的花費有時比使用動物更少。

雖然有動物保護組織強有力的支持並受到廣大民眾的歡迎，但是，尋求替代方法的運動還是遭到了生物醫學研究學會的抵制，並遇到了其他一些障礙。二戰以後，新法規要求對動物的研究應先於對人的研究，生物醫學研究獲得了大量資金，化學工業蓬勃發展，這些都推動了把動物研究作為生物醫學研究之起點的強勢傳統的形成。理所當然地，傳統培育了習慣，而習慣(如根據動物模型來思考的習慣)的消除是很緩慢的。而且，某些害怕動物權利行動主義者的生

物醫學領導者感到，接受替代方法會向公眾傳達這樣一個信息：他們「輸給了」動物權利的行動主義者。另外，直到今天3R原則也沒有被充分認可為是成熟的科學原則。研發替代方法的公共資金的缺乏(儘管某些私營部門是非常慷慨的)進一步加劇了這些困難。儘管存在着這些困難，近年來，我們還是見證了替代方法在教育、試驗和創新性研究方面所取得的長足發展。

醫學院和獸醫學院長期把活動物用於生理學和藥理學教學以及手術實踐中。動物通常也被用於高中年級的解剖課和高中生舉辦的科學展覽。然而，替代方法已經開始受到青睞。例如，為了達到某些教育目的，醫學、獸醫學和中學的學生現在經常使用互動性電腦模型或其他視聽設備；這種做法的好處之一就是，可以重複觀看動物和人的模型。同時，公眾對動物福利日益增長的關注，已明顯使得美國科學展覽的參與者對動物的使用採取了更嚴格的限制──以減少動物數量或改善技術的形式。這些限制並不依賴於法律制裁，因為《動物福利法》並未要求小學和中學遵守其規定。相反，英國禁止大學本科以下的學生實施可能導致脊椎動物疼痛或痛苦的干預行為，而許多歐洲國家的法律也限制在中小學使用動物。

新產品(如殺蟲劑、藥品、洗髮精和化妝品)在投入市場之前，為了安全通常都要先在活的動物身上做試驗。在美國，大量的試驗並不須服從政府有關動物

使用的規定，因為許多公司的研究不是由公共資金所贊助的。不過，有兩種動物測試受到了廣泛的批評，即五成致死劑量和眼刺激測試——主要是由於亨利·斯皮拉的努力——並激起了尋求替代方法的運動；這些測試現在已很少被運用。五成致死劑量測試強迫動物服食一種產品，如唇膏，直到半數動物死去。在眼刺激測試中，可能有毒的物質被直接塗抹到有意識的兔子的眼中，直到它們的眼睛嚴重受損。由於公眾日益關注此類測試，1981年，在Avon, Bristol-Myers和其他公司(這些公司都有着長期使用動物進行測試的歷史)的資助下，約翰·霍普金斯大學成立了動物測試替代方法研究中心。兩年後，美國食品藥品管理局宣佈，它不再需要企業提供五成致死劑量數據。傳統的毒性測試的替代方法包括：限量測試法，在這種實驗中，只有很少量的齧齒類動物被注射單一劑量的測試物質，以便確認是否導致死亡(這是一種既減少了測試動物的數量又改善了測試技術的方法)，以及使用合成皮膚(替代品的一個例子)的腐蝕性測試。此外，某些新的化學製品在電腦程序證明了它們的毒性之後就不再加以考慮。2000年，三個美國聯邦機構同意，用通過合成皮膚腐蝕性測試獲得的關於化學品安全性的數據來代替動物測試的數據。同年，歐盟把三種試管毒性測試作為其官方指導標準，這意味着，在能夠進行這三種測試的歐盟15個成員國將禁止動物測試。

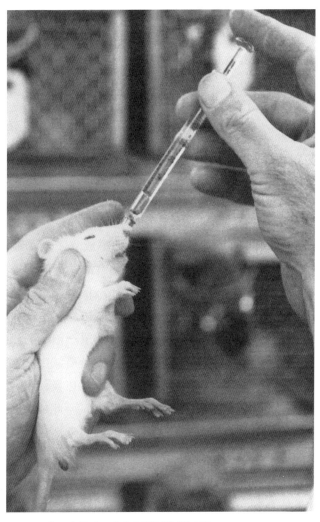

圖12　一隻正在接受五成致死劑量測試的老鼠

雖然替代方法在教育和測試領域已明顯取得重大進展，而且，很少有人會懷疑，在創新性研究中改善實驗技術和減少動物數量是可能的，但是，有人可能仍然會懷疑替代動物在創新性研究中的可行性。「沒有甚麼東西可以替代真實的事物」，人們聽到了這樣的聲音。然而，最「真實的事物」就是人本身，因為，幾乎所有尋求新科學知識的動物研究的目的，都是為生物醫學提供有用的數據！無論如何，在醫學領域，替代方法的發展已經取得了重大的進步，其中一些涉及到人類。例如，流行病學的研究有助於確認導致特定的人類疾病的因素。在某些情況下，人類志願者可以參與診斷過程的測試或生理學的研究，而無須先做動物試驗。另一個發展的領域是使用培育的組織和細胞——包括人和動物的組織和細胞。例如，人的癌細胞可以在試管中培育，並用於各種研究；這可以代替對活的動物的使用。現在，有數百個機構在進行基礎研究時使用的都是人的神經細胞培養物。在病毒學研究、單克隆抗體生產和疫苗試驗方面，人們有時也用細胞培養物來代替對動物的使用，儘管某只動物可能會被殺死以提供細胞樣本。有時，電腦模型在模擬生物和化學系統方面是很有用的。另一個新的發展就是使用新的成像技術，如超聲波、磁共振成像和正電子發射層析成像掃描；這使得對活人的大腦和身體的研究無須對人或動物做侵入性檢查。

替代方法到底能帶領我們走多遠？不久前，人們還(錯誤地)相信，不使用動物的方法對於病毒測試是不可能的。所以，我們必須謹防悲觀的預測。另一方面，草率地宣稱替代方法可以取代所有的動物使用並能維持同樣水平的研究進展，這似乎也太過天真——或至少沒有足夠的證據支持。但是，正如先前所提到的，令人稱讚的目的不足以證明其有害手段的合理性。在認真對待動物的人看來，正如倫理原則構成了我們把人——儘管他們是最可靠的科學模型——用於研究的極限一樣，倫理原則同樣構成了合理使用動物的極限。畢竟，動物並不是工具。或許，可行的替代方法的進一步發展構成了動物權利提倡者和生物醫學都能夠接受的共同基礎。

推薦閱讀書目

Chapter 1

Bekoff, Marc (ed.), *Encyclopedia of Animal Rights and Animal Welfare* (Westport, Conn.: Greenwood, 1998).

Egonsson, Dan, *Dimensions of Dignity: The Moral Importance of Being Human* (Dordrecht: Kluwer, 1998), chapter 1: 'Introduction'.

Griffin, Donald R., *The Question of Animal Awareness* (New York: Rockefeller University Press, 1976; rev. edn., 1981).

Hearn, Kelly, 'Film Shows Egg Farm Cruelty, Say Activists', *United Press International* (6 June 2001): www.vny.com/cf/News/upidetail.cfm?QID=191910

Montgomery, Lori, 'Activists Accuse Egg Farm of Cruelty', *Washington Post* (6 June 2001), B05.

Regan, Tom, and Peter Singer (eds.), *Animal Rights and Human Obligations*, 2nd edn. (Englewood Cliffs, NJ: Prentice Hall, 1989), part I: 'Animals in the History of Western Thought'.

Singer, Peter, *Animal Liberation* (New York: New York Review of Books, 1975; rev. edn., 1990).

Taylor, Angus, *Magpies, Monkeys, and Morals: What Philosophers Say about Animal Liberation* (Peterborough, Canada: Broadview, 1999), chapter 2: 'From Aristotle to Darwin'.

Chapter 2

Carruthers, Peter, *The Animals Issue: Moral Theory in Practice* (Cambridge: Cambridge University Press, 1992).

DeGrazia, David, *Taking Animals Seriously: Mental Life and Moral Status* (Cambridge: Cambridge University Press, 1996).

Frey, R. G., *Interests and Rights: The Case Against Animals* (Oxford: Clarendon Press, 1980).

Kant, Immanuel, *Lectures on Ethics*, tr. Louis Infield (New York: Harper

& Row, 1963).

Markarian, Michael, 'Victory at Last: Perseverance Pays off for Pennsylvania Pigeons', *The Fund for Animals* 32/3 (Autumn 1999), 4–5.

Midgley, Mary, *Animals and Why they Matter* (Athens, GA: University of Georgia Press, 1983).

Pluhar, Evelyn B., *Beyond Prejudice: The Moral Significance of Human and Nonhuman Animals* (Durham, NC: Duke University Press, 1995).

Regan, Tom, *The Case for Animal Rights* (Berkeley, Calif.: University of California Press, 1983).

Sapontzis, S. F., *Morals, Reason, and Animals* (Philadelphia: Temple University Press, 1987).

Singer, Peter, *Animal Liberation*, 2nd edn. (New York: New York Review of Books, 1990).

Chapter 3

Bateson, Patrick, 'Assessment of Pain in Animals', *Animal Behavior*, 42 (1991), 872–89.

Bekoff, Marc, and Dale Jamieson (eds.), *Interpretation and Explanation in the Study of Animal Behavior*, 2 vols. (Boulder, Colo.: Westview, 1990).

Bolles, Robert C., and Michael S. Fanselow, 'A Perceptual Defensive Recuperative Model of Pain and Fear', *Behavioral and Brain Research*, 3 (1980), 291–323.

Carruthers, Peter, *The Animals Issue: Moral Theory in Practice* (Cambridge: Cambridge University Press, 1992).

Cassell, Eric, 'Recognizing Suffering', *Hastings Center Report*, 21/3 (1991), 24–31.

Cavalieri, Paola, and Peter Singer (eds.), *The Great Ape Project* (New York: St Martin's Press, 1993).

Cheney, Dorothy L., and Robert M. Seyfarth, *How Monkeys See the World* (Chicago: University of Chicago Press, 1990).

Dawkins, Marian Stamp, *Through our Eyes Only: The Search for Animal Consciousness* (Oxford: Freeman, 1993).

DeGrazia, David, *Taking Animals Seriously: Mental Life and Moral Status*

(Cambridge: Cambridge University Press, 1996), chapters 4–7.

—— and Andrew Rowan, 'Pain, Suffering, and Anxiety in Animals and Humans', *Theoretical Medicine*, 12 (1991), 193–211.

Eisemann, C. H., W. K. Jorgensen, et al., 'Do Insects Feel Pain? – A Biological View', *Experientia*, 40 (1984), 164–7.

Frey, R. G., *Interests and Rights: The Case Against Animals* (Oxford: Clarendon Press, 1980).

Gallistel, C. R. (ed.), *Animal Cognition* (Cambridge, MA: MIT Press, 1992).

Gray, Jeffrey A., *The Neuropsychology of Anxiety* (New York: Oxford University Press, 1982).

Griffin, Donald R., *Animal Minds* (Chicago: University of Chicago Press, 1992).

Harrison, Peter, 'Do Animals Feel Pain?', *Philosophy*, 66 (1991), 25–40.

Jamieson, Dale, and Marc Bekoff, 'On Aims and Methods of Cognitive Ethology', *Philosophy of Science Association*, 2 (1993), 110–24.

Kitchen, Hyram, Arthur L. Aronson, et al., 'Panel Report of the Colloquium on Recognition and Alleviation of Animal Pain and Distress', *Journal of the American Veterinary Medical Association*, 191 (1987), 1186–91.

Morton, David B., and P. H. M. Griffiths, 'Guidelines on the Recognition of Pain, Distress and Discomfort in Experimental Animals and an Hypothesis for Assessment', *Veterinary Record*, 116 (1985), 431–6.

Nielsen, M., C. Braestrup, and R. F. Squires, 'Evidence for a Late Evolutionary Appearance of a Brain-Specific Benzodiazepine Receptor', *Brain Research*, 141 (1978), 342–6.

Nixon, Marion, and John B. Messenger (eds.), *The Biology of Cephalopods* (London: Academic, 1977).

Richards, J. G., and H. Mohler, 'Benzodiazepine Receptors', *Neuropharmacology*, 23 (1984), 233–42.

Rodd, Rosemary, *Biology, Ethics and Animals* (Oxford: Clarendon Press, 1990).

Rollin, Bernard A., *The Unheeded Cry: Animal Consciousness, Animal Pain, and Science* (Oxford: Oxford University Press, 1989).

Rose, Margaret, and David Adams, 'Evidence for Pain and Suffering in

Other Animals', in Gill Langley (ed.), *Animal Experimentation* (New York: Chapman & Hall, 1989).

Rowan, Andrew, Franklin M. Loew, and Joan C. Weer, *The Animal Research Controversy* (North Grafton, MA: Tufts Center for Animals and Public Policy, 1994), chapter 7: 'The Question of Animal Pain/Distress'.

Sherry, David F., 'Food Storage, Memory and Marsh Tits', *Animal Behaviour*, 30 (1982), 631–63.

Smith, Jane A., and Kenneth M. Boyd, *Lives in the Balance: The Ethics of Using Animals in Biomedical Research* (New York: Oxford University Press, 1991), chapter 4: 'Pain, Stress, and Anxiety in Animals'.

Wall, Patrick D., and Ronald Melzack (eds.), *Textbook of Pain* (Edinburgh: Churchill Livingstone, 1984).

Chapter 4

DeGrazia, David, 'Equal Consideration and Unequal Moral Status', *Southern Journal of Philosophy*, 31 (1993), 17–31.

—— *Taking Animals Seriously: Mental Life and Moral Status* (Cambridge: Cambridge University Press, 1996), chapter 8: 'The Basics of Well-Being across Species'.

Frey, R. G., 'Animal Parts, Human Wholes', in James M. Humber and Robert F. Almeder (eds.), *Biomedical Ethics Reviews* 1987 (Clifton, NJ: Humana, 1987), 89–107.

Rachels, James, 'Why Animals have a Right to Liberty', in Tom Regan and Peter Singer (eds.), *Animal Rights and Human Obligations*, 2nd edn. (Englewood Cliffs, NJ: Prentice Hall, 1989), 122–31.

Regan, Tom, *The Case for Animal Rights* (Berkeley, CA: University of California Press, 1983).

Rollin, Bernard E., *Animal Rights and Human Morality*, 2nd edn. (Buffalo, NY: Prometheus, 1992).

Sapontzis, S. F., Morals, *Reason, and Animals* (Philadelphia: Temple University Press, 1987).

Singer, Peter, *Practical Ethics*, 2nd edn. (Cambridge: Cambridge University Press, 1993), chapter 5: 'Taking Life: Animals'.

Chapter 5

Adcock, Melanie, 'The Truth Behind "A Hen's Life" ', *HSUS News* (Spring 1993).

—— and Mary Finelli, 'The Dairy Cow: America's "Foster Mother" ', *HSUS News* (Winter 1995).

Bekoff, Marc (ed.), *Encyclopedia of Animal Rights and Animal Welfare* (Westport, Conn.: Greenwood, 1988).

DeGrazia, David, *Taking Animals Seriously: Mental Life and Moral Status* (Cambridge: Cambridge University Press, 1996), chapter 9: 'Back to Animal Ethics'.

Eisnitz, Gail A., *Slaughterhouse* (Amherst, NY: Prometheus, 1997).

Fox, Michael W., 'BGH Causes National Brouhaha', *HSUS News* (Spring 1994).

Garner, Robert, *Political Animals* (London: Macmillan, 1998), chapter 7: 'The Politics of Farm Animal Welfare in Britain'.

Humane Society of the United States, 'Environmental Fact Sheet' (1994).

—— 'Fact Sheet on Broiler Chickens' (1983).

—— 'Fact Sheet on Hogs' (1983).

——'Human Health Fact Sheet' (1994).

—— 'Questions and Answers about Veal' (1990).

Kaufman, Marc, 'In Pig Farming, Growing Concern', *The Washington Post* (18 June 2001), A1, A7.

Lappé, Frances Moore, and Joseph Collins, *World Hunger: Twelve Myths* (New York: Grove, 1986).

Regan, Tom, *The Case for Animal Rights* (Berkeley, Calif.: University of California Press, 1983).

Singer, Peter, *Animal Liberation*, 2nd edn. (New York: New York Review of Books, 1990), chapter 3: 'Down on the Factory Farm'.

—— *Ethics into Action: Henry Spira and the Animal Rights Movement* (Lanham, MD: Rowman & Littlefield, 1998).

—— 'Utilitarianism and Vegetarianism', *Philosophy and Public Affairs*, 9 (1980), 325–37.

Warrick, Joby, 'An Outbreak Waiting to Happen', *The Washington Post* (9 Apr. 2001), A1, A10–11.

—— '"They Die Piece by Piece"', *The Washington Post* (10 Apr. 2001), A1, A10–11.

Chapter 6

Bekoff, Marc (ed.), *Encyclopedia of Animal Rights and Animal Welfare* (Westport, Conn.: Greenwood, 1998).

Bostock, Stephen St C., *Zoos and Animal Rights* (London: Routledge, 1993).

Cherfas, Jeremy, *Zoo 2000* (London: British Broadcasting Co., 1984).

DeGrazia, David, *Taking Animals Seriously: Mental Life and Moral Status* (Cambridge: Cambridge University Press, 1996), chapter 9: 'Back to Animal Ethics'.

Grandy, John W., 'Captive Breeding in Zoos', *HSUS News* (Summer 1989).

—— 'Zoos: A Critical Reevaluation', *HSUS News* (Summer 1992).

Hediger, H., *Wild Animals in Captivity* (New York: Dover, 1964).

Humane Society of the United States, 'Fact Sheet: Captive Wild Animal Protection Bill' (1985).

—— 'Pet Overpopulation Facts' (1999).

—— 'Zoos' (1984).

Jamieson, Dale, 'Against Zoos', in Peter Singer (ed.), *In Defense of Animals* (Oxford: Blackwell, 1985), 108–17.

—— 'Wildlife Conservation and Individual Animal Welfare', in Bryan G. Norton et al. (eds.), *Ethics on the Ark: Zoos, Animal Welfare, and Wildlife Conservation* (Washington, DC: Smithsonian, 1995), 69–73.

—— 'Zoos Reconsidered', in Bryan G. Norton et al. (eds.), *Ethics on the Ark: Zoos, Animal Welfare, and Wildlife Conservation* (Washington, DC: Smithsonian, 1995), 52–66.

Koebner, Linda, *Zoo Book: The Evolution of Wildlife Conservation Centers* (New York: Forge, 1994).

Koontz, Fred, 'Wild Animal Acquisition Ethics for Zoo Biologists', in Bryan G. Norton et al. (eds.), *Ethics on the Ark: Zoos, Animal Welfare, and Wildlife Conservation* (Washington, DC: Smithsonian, 1995), 127–45.

Maple, Terry, 'Toward a Responsible Zoo Agenda', in Bryan G. Norton et al. (eds.), *Ethics on the Ark: Zoos, Animal Welfare, and Wildlife Conservation* (Washington, DC: Smithsonian, 1995), 20–30.

—— Rita McManamon, and Elizabeth Stevens, 'Animal Care, Maintenance, and Welfare', in Bryan G. Norton et al. (eds.), *Ethics on the Ark: Zoos, Animal Welfare, and Wildlife Conservation* (Washington, DC: Smithsonian, 1995), 219–34.

Regan, Tom, 'Are Zoos Morally Defensible?', in Bryan G. Norton et al. (eds.), *Ethics on the Ark: Zoos, Animal Welfare, and Wildlife Conservation* (Washington, DC: Smithsonian, 1995), 38–51.

Chapter 7

ALTWEB, 'First In Vitro Toxicity Tests Approved for Use in Europe' (altweb.jhsph.edu/altnews/archive/2000/june).

—— 'Synthetic Skin System Can Replace Animals in Some Tests of Chemical Safety' (altweb.jhsph.edu/altnews/archive/2000/march).

Bowlby, John, *Maternal Care and Mental Health* (Geneva: World Health Organization, 1952).

Burns, John F., 'American Museum Pinched for Funds', *New York Times* (16 Feb. 1976), 23.

Council for International Organizations of Medical Sciences, *International Guiding Principles for Biomedical Research Involving Animals* (Geneva: CIOMS, 1985).

Garner, Robert, *Political Animals* (London: Macmillan, 1998), chapter 9: 'The Politics of Animal Research in Britain'.

Harlow, Harry F., and Robert R. Zimmerman, 'Affectional Responses in the Infant Monkey', *Science*, 130 (1959), 421–32.

Humane Society of the United States, *HSUS Pain and Distress Initiative* (www.hsus.org/programs/research/pain_distress.html).

Johns Hopkins Center for Alternatives to Animal Testing 12/2 (Winter 1995).

LaFollette, Hugh, and Niall Shanks, *Brute Science: Dilemmas of Animal Experimentation* (London: Routledge, 1996), chapter 8: 'Causal Disanalogy II: The Empirical Evidence'.

National Research Council, *Guide for the Care and Use of Laboratory Animals* (Washington, DC: National Academy Press, 1996), appendix D: 'Public Health Service Policy and Government Principles Regarding the Care and Use of Animals'.

Orlans, F. Barbara, *In the Name of Science: Issues in Responsible Animal Experimentation* (New York: Oxford University Press, 1993).

Orlans, F. Barbara, Tom Beauchamp et al., *The Human Use of Animals: Case Studies in Ethical Choice* (New York: Oxford University Press, 1998), chapter 9: 'Monkeys without Mothers'.

Regan, Tom, *The Case for Animal Rights* (Berkeley, Calif.: University of California Press, 1983).

Rowan, Andrew, Franklin M. Loew, and Joan C. Weer, *The Animal Research Controversy* (North Grafton, MA: Tufts Center for Animals and Public Policy, 1994).

Russell, W. M. S., and R. L. Burch, *The Principles of Humane Experimental Technique* (London: Methuen, 1959).

Singer, Peter, *Animal Liberation*, 2nd edn. (New York: New York Review of Books, 1990).

—— *Ethics into Action: Henry Spira and the Animal Rights Movement* (Lanham, MD: Rowman & Littlefield, 1998).

Smith, Jane A., and Kenneth M. Boyd (eds.), *Lives in the Balance: The Ethics of Using Animals in Biomedical Research* (Oxford: Oxford University Press, 1991).

Suomi, Stephen J., and Harry F. Harlow, 'Apparatus Conceptualization for Psychopathological Research in Monkeys', *Behavioral Research Methods and Instruments*, 1 (1969), 247–50.

—— and Harry Harlow, 'Depressive Behavior in Young Monkeys Subjected to Vertical Chamber Confinement', *Journal of Comparative and Physiological Psychology*, 180 (1972), 11–18.

Taylor, Angus, Magpies, *Monkeys, and Morals: What Philosophers Say about Animal Liberation* (Peterborough, Canada: Broadview, 1999), chapter 5: 'Is it Wrong to Use Animals for Scientific Research?'.

Wade, Nicholas, 'Animal Rights: NIH Cat Sex Study Brings Grief to New York Museum', *Science*, 194 (1976), 162–7.